COLLINS
GEM

GERMAN VERB TABLES

With Nominal Declensions

HarperCollins*Publishers*

first published 1984

latest reprint 1993

ISBN 0 00 459339 1

Series Editor
Richard H. Thomas

Editors
Ilse MacLean
Lorna Sinclair

Printed in Great Britain by
HarperCollins Manufacturing, Glasgow

Introduction

While it is true that there are many differences between English and German verb forms, this book will help the learner to see that there are enough similarities in their conjugation to make him feel at home. To the native English speaker, the idea of *weak* and *strong* verbs need hold no fears – anyone who has used 'sing', 'sang', 'sung' in English is capable of mastering the strong German verb 'singen', 'sang', 'gesungen', while German weak verbs are at least as regular in conforming to rules as our own. All verbs in German take recognisable endings in the same way as in English:

er hol**te** – he fetch**ed**.

This book provides a clear presentation of all the tenses the reader will need to learn for all types of verb, followed by tables of all the most useful verbs in their most commonly used tenses.

A comprehensive reference list at the back of the book indicates for each verb its salient features to show how it is conjugated and refers it to one of the main verb patterns in the tables. Irregular parts of verbs are also listed here cross-referred to their infinitive.

Following the main verb tables, the declension of articles, nouns, adjectives and pronouns is clearly set out, also in tabular form.

Contents

Glossary

weak verbs form their imperfect indicative by adding endings to stem, e.g. holen → **holte**. They form their past participle with the prefix **ge-** and the ending **-t**, e.g. holen → **geholt**

strong verbs have a vowel change in their imperfect indicative, and sometimes in the past participle, e.g. singen → **sang** → **gesungen**. Their past participle ends in **-en**

mixed verbs have a vowel change but add weak verb endings in the imperfect indicative tense and in the past participle, e.g. brennen → **brannte** → **gebrannt**

modal verbs: a set of six irregular verbs used to express permission, ability, wish, obligation and necessity

infinitive: the base form of the verb, found in dictionary entries; the infinitive ends in **-en**

stem: the basic part of the verb, formed from the infinitive by dropping the **-en**

ending: a suffix showing the tense and person of the verb

simple tense: formed by adding endings to a verb stem

compound tense: formed with the auxiliary verbs **haben**, **sein**, or **werden**, like English compound tenses formed with "have", "shall", "will" *etc*

inseparable verbs have a prefix which cannot be separated from the main verb

separable verbs have a prefix which is separated from the main verb in certain positions in the sentence

auxiliary verbs: haben, sein, werden, used to form compound tenses

The German Verb

German has two main types of verb: WEAK verbs and STRONG verbs. The infinitive gives no help in deciding if a verb is weak or strong. It is best therefore to approach each verb individually, learning its infinitive, the 3rd person singular of its present and imperfect indicative tenses and its past participle: **geben, gibt, gab, gegeben**.
Weak verbs are, with only a few exceptions, regular, forming their tenses according to the patterns outlined below.
Strong verbs change their vowel in the imperfect tense, and sometimes also in the past participle and certain parts of their present tense. Rules for their conjugation in all tenses are also given below, and each strong verb is clearly conjugated in its most widely used tenses in the main Verb Tables.

Simple tenses

Weak verbs

The example used throughout these tables is the verb **holen** (to fetch).

Present indicative (I fetch/am fetching/do fetch)

sing 1st	stem + **-e**	ich hol**e**
2nd	›› + **-st**	du hol**st**
3rd	›› + **-t**	er hol**t**
pl 1st	›› + **-en**	wir hol**en**
2nd	›› + **-t**	ihr hol**t**
3rd	›› + **-en**	sie hol**en**

Imperfect indicative (I fetched/was fetching/used to fetch)

sing 1st	stem + **-te**	ich hol**te**
2nd	›› + **-test**	du hol**test**
3rd	›› + **-te**	er hol**te**
pl 1st	›› + **-ten**	wir hol**ten**
2nd	›› + **-tet**	ihr hol**tet**
3rd	›› + **-ten**	sie hol**ten**

Present participle (fetching)	**Past participle** (fetched)
infinitive + **-d**: **holend**	**ge-** + stem + **-t**: **geholt**

Imperative (fetch!)

sing	stem (+ **-e**)	**hol(e)!**
1st pl	,, + **-en wir**	**holen wir!**
2nd pl	,, + **-t**	**holt!**
polite	,, + **-en Sie**	**holen Sie!**

The exclamation mark is compulsory in German.

Present subjunctive

sing 1st	stem + **-e**	ich hole
2nd	,, + **-est**	du holest
3rd	,, + **-e**	er hole
pl 1st	,, + **-en**	wir holen
2nd	,, + **-et**	ihr holet
3rd	,, + **-en**	sie holen

Imperfect subjunctive

sing 1st	stem + **-te**	ich holte
2nd	,, + **-test**	du holtest
3rd	,, + **-te**	er holte
pl 1st	,, + **-ten**	wir holten
2nd	,, + **-tet**	ihr holtet
3rd	,, + **-ten**	sie holten

The Subjunctive in indirect speech

In indirect or reported speech subjunctive forms should be used. Where the present subjunctive form is like the normal present indicative a different tense is used, giving a mixture of present and imperfect subjunctive.

sing 1st	stem + **-te**	man sagt,	ich holte
2nd	,, + -est	,, ,,	du holest
3rd	,, + -e	,, ,,	er hole
pl 1st	,, + **-ten**	,, ,,	wir holten
2nd	,, + -et	,, ,,	ihr holet
3rd	,, + **-ten**	,, ,,	sie holten

Weak verbs: regular spelling variants

Where adding the endings to the stem makes the verb difficult to pronounce, an extra **-e** is added between the stem and the ending. This is particularly the case where the stem ends in **-d**, **-t**, **-m**, **-n** preceded by a consonant other than **-l**, **-r** or **-h**:

	reden (to talk)	– er red**e**t, er red**e**te
	arbeiten (to work)	– er arbeit**e**t, er arbeit**e**te
	rechnen (to count)	– er rechn**e**t, er rechn**e**te
BUT:	lernen (to learn)	– er lernt, er lernte

Where the stem ends in **-ß**, **-s** or **-z**, only **-t** is added to form the 2nd person singular of the present indicative active:

	heizen (to heat)	– du heiz**t**
	reisen (to travel)	– du reis**t**
	spritzen (to inject)	– du spritz**t**
BUT:	waschen (to wash)	– du wäsch**st**

Infinitive: reden (to talk)

Present indicative (I talk/am talking/do talk)

sing 1st	stem + **-e**	ich rede
2nd	,, + **-est**	du redest
3rd	,, + **-et**	er redet
pl 1st	,, + **-en**	wir reden
2nd	,, + **-et**	ihr redet
3rd	,, + **-en**	sie reden

Imperfect indicative (I talked/was talking/used to talk)

sing 1st	stem + **-ete**	ich redete
2nd	,, + **-etest**	du redetest
3rd	,, + **-ete**	er redete
pl 1st	,, + **-eten**	wir redeten
2nd	,, + **-etet**	ihr redetet
3rd	,, + **-eten**	sie redeten

Present participle (talking) infinitive + **-d**: **redend**	**Past participle** (talked) **ge-** + stem + **-et**: **geredet**

Imperative (talk!)

sing	stem (+ **-e**)	red(e)!
1st pl	,, + **-en wir**	**reden wir!**
2nd pl	,, + **-et**	**redet!**
polite	,, + **-en Sie**	**reden Sie!**

Present subjunctive

sing 1st	stem + **-e**	ich rede
2nd	,, + **-est**	du redest
3rd	,, + **-e**	er rede
pl 1st	,, + **-en**	wir reden
2nd	,, + **-et**	ihr redet
3rd	,, + **-en**	sie reden

Imperfect subjunctive

sing 1st	stem + **-ete**	ich redete
2nd	,, + **-etest**	du redetest
3rd	,, + **-ete**	er redete
pl 1st	,, + **-eten**	wir redeten
2nd	,, + **-etet**	ihr redetet
3rd	,, + **-eten**	sie redeten

The Subjunctive in indirect speech (See also p. 6)
Because of the extra **-e** in the present indicative, the present indicative resembles the present subjunctive for all persons except the third person singular for these verbs, and the imperfect subjunctive is therefore used in these persons, as follows:

sing 1st	stem + **-ete**	ich redete
2nd	,, + **-etest**	du redetest
3rd	,, + -e	er rede
pl 1st	,, + **-eten**	wir redeten
2nd	,, + **-etet**	ihr redetet
3rd	,, + **-eten**	sie redeten

Strong verbs

Strong verbs change their vowel to form the imperfect tense, and they take different endings from weak verbs in this tense.
The imperfect subjunctive also has different endings, and the vowel is modified if possible (**er sang/er sänge**).
The past participle is formed by adding the prefix **ge-** and the ending **-en**, and often the vowel is changed here too (**singen/gesungen**).
Some verbs also take a different vowel or modify the existing vowel for the 2nd and 3rd persons singular in their present indicative, and in the singular imperative. Some present tense vowel patterns for such verbs are: **e** → **i** (geben – er gibt); **au** → **äu** (laufen – er läuft); **e** → **ie** (lesen – er liest); **o** → **ö** (stoßen – er stößt); **a** → **ä** (fahren – er fährt).
The simplest and most reliable course is to refer to each verb individually, using the tables beginning on page 24.
The following is the pattern for a strong verb whose vowel changes in both the imperfect and past participle, but not in the present indicative:

Infinitive: singen (to sing)

Present indicative (I sing/am singing/do sing)

sing 1st	stem + **-e**	ich singe
2nd	,, + **-st**	du singst
3rd	,, + **-t**	er singt
pl 1st	,, + **-en**	wir singen
2nd	,, + **-t**	ihr singt
3rd	,, + **-en**	sie singen

Imperfect indicative (I sang/was singing/used to sing)

sing 1st	sang + **-**	ich sang
2nd	sang + **-st**	du sangst
3rd	sang + **-**	er sang
pl 1st	sang + **-en**	wir sangen
2nd	sang + **-t**	ihr sangt
3rd	sang + **-en**	sie sangen

Present participle (singing)
infinitive + **-d**: singend

Past participle (sung)
ge- + sung + -en: gesungen

Imperative (sing!)

sing	stem (+ **-e**)	sing(e)!
1st pl	,, + **-en wir**	singen wir!
2nd pl	,, + **-t**	singt!
polite	,, + **-en Sie**	singen Sie!

Present subjunctive

sing 1st	stem + **-e**	ich singe
2nd	,, + **-est**	du singest
3rd	,, + **-e**	er singe
pl 1st	,, + **-en**	wir singen
2nd	,, + **-et**	ihr singet
3rd	,, + **-en**	sie singen

Imperfect subjunctive

sing 1st	sang + **¨e**	ich sänge
2nd	,, + **¨est**	du sängest
3rd	,, + **¨e**	er sänge
pl 1st	,, + **¨en**	wir sängen
2nd	,, + **¨t**	ihr sänget
3rd	,, + **¨en**	sie sängen

The Subjunctive in indirect speech (See p. 6)

sing 1st	**sang** + **¨e**	ich sänge
2nd	stem + **-est**	du singest
3rd	stem + **-e**	er singe
pl 1st	**sang** + **¨en**	wir sängen
2nd	stem + **-et**	ihr singet
3rd	**sang** + **¨en**	sie sängen

The nine mixed verbs

brennen	**kennen**	**senden**
bringen	**nennen**	**wenden**
denken	**rennen**	**wissen**

These verbs have a vowel change in the imperfect and past participle, but take weak verb endings:
brennen: er bran**nte**, er hat **ge**bran**nt**

Bringen and **denken** also have a consonant change:

bringen: er bra**ch**te, er hat gebra**ch**t
denken: er da**ch**te, er hat geda**ch**t

The imperfect subjunctive form of these verbs should be noted especially.

A mixed verb

Infinitive: brennen (to burn)

Present indicative (I burn/am burning/do burn)

sing 1st	stem + **-e**	ich brenne
2nd	,, + **-st**	du brennst
3rd	,, + **-t**	er brennt
pl 1st	,, + **-en**	wir brennen
2nd	,, + **-t**	ihr brennt
3rd	,, + **-en**	sie brennen

Imperfect indicative (I burned/was burning/used to burn)

sing 1st	brann + **-te**	ich brannte
2nd	brann + **-test**	du branntest
3rd	brann + **-te**	er brannte
pl 1st	brann + **-ten**	wir brannten
2nd	brann + **-tet**	ihr branntet
3rd	brann + **-ten**	sie brannten

Present participle (burning)
infinitive + **-d**: **brennend**

Past participle (burned)
ge- + **brann** + **-t**: **gebrannt**

Imperative (burn!)

sing	stem (+ **-e**)	**brenn(e)!**
1st pl	,, + **-en wir**	**brennen wir!**
2nd pl	,, + **-t**	**brennt!**
polite	,, + **-en Sie**	**brennen Sie!**

Present subjunctive

sing 1st	stem + **-e**	ich **brenne**
2nd	,, + **-est**	du **brennest**
3rd	,, + **-e**	er **brenne**
pl 1st	,, + **-en**	wir **brennen**
2nd	,, + **-et**	ihr **brennet**
3rd	,, + **-en**	sie **brennen**

Imperfect subjunctive

sing 1st	stem + **-te**	ich **brennte**
2nd	,, + **-test**	du **brenntest**
3rd	,, + **-te**	er **brennte**
pl 1st	,, + **-ten**	wir **brennten**
2nd	,, + **-tet**	ihr **brenntet**
3rd	,, + **-ten**	sie **brennten**

The Subjunctive in indirect speech (See p. 6)

sing 1st	stem + **-te**	ich **brennte**
2nd.	,, + **-est**	du **brennest**
3rd	,, + **-e**	er **brenne**
pl 1st	,, + **-ten**	wir **brennten**
2nd	,, + **-et**	ihr **brennet**
3rd	,, + **-ten**	sie **brennten**

Compound tenses

In German, compound tenses are formed in exactly the same way for all verbs, whether strong, weak or mixed. They are formed by using the appropriate tense of an auxiliary verb plus the infinitive or past participle. For the future tenses the auxiliary is always **werden**; for the past tenses it is usually **haben**, but some verbs, especially those expressing change of place or condition, take **sein** instead.
The infinitive or past participle usually comes at the end of a clause. In the tables below, suspension points represent the rest of the clause or sentence (see page 23).

Past tenses

The tables below illustrate these for a verb taking **haben** (**holen** – on the left) and one that takes **sein** (**reisen** – on the right).

Perfect infinitive

haben + past participle	**sein** + past participle
geholt haben (to have fetched)	**gereist sein** (to have travelled)

Perfect indicative (I (have) fetched/travelled)

present indicative of **haben/sein** + past participle	
ich **habe** ....**geholt**	ich **bin** ....**gereist**
du **hast** ....**geholt**	du **bist** ....**gereist**
er **hat** ....**geholt**	er **ist** ....**gereist**
wir **haben** ....**geholt**	wir **sind** ....**gereist**
ihr **habt** ....**geholt**	ihr **seid** ....**gereist**
sie **haben** ....**geholt**	sie **sind** ....**gereist**

Perfect subjunctive

present subjunctive of **haben/sein** + past participle	
ich **habe** ....**geholt**	ich **sei** ....**gereist**
du **habest** .....**geholt**	du **sei(e)st** .....**gereist**
er **habe** ....**geholt**	er **sei** ....**gereist**
wir **haben** ......**geholt**	wir **seien** ....**gereist**
ihr **habet** ......**geholt**	ihr **seiet** ....**gereist**
sie **haben** ......**geholt**	sie **seien** ....**gereist**

Pluperfect indicative (I had fetched/travelled)

imperfect indicative of **haben/sein** + past participle	
ich **hatte** ....**geholt**	ich **war** ....**gereist**
du **hattest** ......**geholt**	du **warst** ......**gereist**
er **hatte** ....**geholt**	er **war** ....**gereist**
wir **hatten** ......**geholt**	wir **waren** .....**gereist**
ihr **hattet** ......**geholt**	ihr **wart** ....**gereist**
sie **hatten** ......**geholt**	sie **waren** .....**gereist**

Pluperfect subjunctive (used as conditional perfect tense – see p. 15)

imperfect subjunctive of **haben/sein** + past participle	
ich **hätte** ....**geholt**	ich **wäre** ....**gereist**
du **hättest** .....**geholt**	du **wär(e)st** ....**gereist**
er **hätte** ....**geholt**	er **wäre** ....**gereist**
wir **hätten** ......**geholt**	wir **wären** ......**gereist**
ihr **hättet** ......**geholt**	ihr **wär(e)t** .....**gereist**
sie **hätten** ......**geholt**	sie **wären** .....**gereist**

Future and related tenses

Future indicative (I shall fetch/travel)

present indicative of **werden** + infinitive	
ich **werde** ....**holen**	ich **werde** ....**reisen**
du **wirst** ....**holen**	du **wirst** ....**reisen**
er **wird** ....**holen**	er **wird** ....**reisen**
wir **werden** .....**holen**	wir **werden** .....**reisen**
ihr **werdet** ....**holen**	ihr **werdet** .....**reisen**
sie **werden** .....**holen**	sie **werden** .....**reisen**

Future subjunctive

present subjunctive of **werden** + infinitive	
ich **werde** ......**holen**	ich **werde** ......**reisen**
du **werdest** .....**holen**	du **werdest** ....**reisen**
er **werde** ....**holen**	er **werde** ....**reisen**
wir **werden** .....**holen**	wir **werden** .....**reisen**
ihr **werdet** ....**holen**	ihr **werdet** .....**reisen**
sie **werden** .....**holen**	sie **werden** .....**reisen**

Future perfect indicative (I shall have fetched/travelled)

present indicative of **werden** + perfect infinitive	
ich **werde** ...**geholt haben**	ich **werde** ....**gereist sein**
du **wirst** ....**geholt haben**	du **wirst** .....**gereist sein**
er **wird** .....**geholt haben**	er **wird** .....**gereist sein**
wir **werden** ..**geholt haben**	wir **werden** ...**gereist sein**
ihr **werdet** ...**geholt haben**	ihr **werdet** ...**gereist sein**
sie **werden** ..**geholt haben**	sie **werden** ...**gereist sein**

Conditional (I would fetch/travel)

imperfect subjunctive of **werden** + infinitive	
ich **würde** ....**holen**	ich **würde** ....**reisen**
du **würdest** ......**holen**	du **würdest** .....**reisen**
er **würde** ....**holen**	er **würde** ....**reisen**
wir **würden** ......**holen**	wir **würden** ......**reisen**
ihr **würdet** ....**holen**	ihr **würdet** ......**reisen**
sie **würden** ......**holen**	sie **würden** ......**reisen**

Conditional perfect* (I would have fetched/travelled)

imperfect subjunctive of **werden** + perfect infinitive	
ich **würde** ...**geholt haben**	ich **würde** ....**gereist sein**
du **würdest** ..**geholt haben**	du **würdest** ..**gereist sein**
er **würde** ...**geholt haben**	er **würde** ...**gereist sein**
wir **würden** ..**geholt haben**	wir **würden** ...**gereist sein**
ihr **würdet** ...**geholt haben**	ihr **würdet** ...**gereist sein**
sie **würden** ..**geholt haben**	sie **würden** ...**gereist sein**

*This is not a commonly used tense in German, being rather clumsy. It is usual to use the pluperfect subjunctive wherever a conditional perfect is needed.
Thus: ich hätte es geholt – I would have fetched it
ich wäre gegangen – I would have gone.

The passive voice

German uses passive tenses much less than English. A passive in German is often expressed by the alternative "**man**" construction in which an active verb is used. Thus: **man holt ihn um sieben Uhr ab** (he is picked up at seven o'clock).
The "**man**" construction is almost always used to replace really unwieldy passive tenses, e.g. the future perfect passive.

Present passive infinitive

past participle + **werden**
geholt werden (to be fetched)

Perfect passive infinitive

past participle + **worden** + **sein**
geholt worden sein (to have been fetched)

Present passive (I am fetched/am being fetched)

Indicative	Subjunctive
present indicative of **werden** + past participle	present subjunctive of **werden** + past participle
ich **werde** ....**geholt**	ich **werde** ....**geholt**
du **wirst** ....**geholt**	du **werdest** .....**geholt**
er **wird** ....**geholt**	er **werde** ....**geholt**
wir **werden** ......**geholt**	wir **werden** ......**geholt**
ihr **werdet** ......**geholt**	ihr **werdet** ......**geholt**
sie **werden** ......**geholt**	sie **werden** ......**geholt**
OR man holt mich/dich *etc*	OR man hole mich/dich *etc*

Imperfect passive (I was fetched/was being fetched)

Indicative	Subjunctive
imperfect indicative of **werden** + past participle	imperfect subjunctive of **werden** + past participle
ich **wurde** ....**geholt** du **wurdest** .....**geholt** er **wurde** ....**geholt** wir **wurden** ......**geholt** ihr **wurdet** ......**geholt** sie **wurden** ......**geholt**	ich **würde** ....**geholt** du **würdest** .....**geholt** er **würde** ....**geholt** wir **würden** ......**geholt** ihr **würdet** ......**geholt** sie **würden** ......**geholt**
OR man holte mich/dich *etc*	OR man holte mich/dich *etc*

Perfect passive (I was fetched/have been fetched)

Indicative	Subjunctive
present indicative of **sein** + past participle + **worden**	present subjunctive of **sein** + past participle + **worden**
ich **bin** .....**geholt worden** du **bist** ....**geholt worden** *etc*	ich **sei** .....**geholt worden** du **sei(e)st** ..**geholt worden** *etc*
OR man hat mich/dich geholt *etc*	OR man habe mich/dich geholt *etc*

Pluperfect passive (I had been fetched)

Indicative	Subjunctive
imperfect indicative of **sein** + past participle + **worden**	imperfect subjunctive of **sein** + past participle + **worden**
ich **war** ....**geholt worden** du **warst** ...**geholt worden** *etc*	ich **wäre** ....**geholt worden** du **wäre(e)st** . **geholt worden** *etc*
OR man hatte mich/dich geholt *etc*	OR man hätte mich/dich geholt *etc*

Future passive (I shall be fetched)

Indicative	Subjunctive
present indicative of **werden** + present passive infinitive	present subjunctive of **werden** + present passive infinitive
ich **werde** . . .**geholt werden** OR man wird mich holen	ich **werde** . . . .**geholt werden** OR man werde mich holen

Future perfect passive (I shall have been fetched)

Indicative
present indicative of **werden** + perfect passive infinitive
ich **werde geholt worden sein** OR man wird mich geholt haben

Subjunctive
present subjunctive of **werden** + perfect passive infinitive
ich **werde geholt worden sein** OR man werde mich geholt haben

Conditional passive (I would be fetched)

imperfect subjunctive of **werden** + present passive infinitive
ich **würde geholt werden** OR man würde mich holen

Conditional perfect passive (I would have been fetched)

imperfect subjunctive of **werden** + perfect passive infinitive
ich **würde geholt worden sein** OR man würde mich geholt haben. (BUT less clumsy would be to use the pluperfect subjunctive of **holen**).

Separable and Inseparable verbs

Verbs with prefixes are either "separable" or "inseparable". Separable prefixes are stressed (**an**ziehen), inseparable prefixes are not (ent**kom**men).
A variable prefix is one which can be used to form either separable or inseparable verbs (**wie**derkehren, wieder**ho**len). A list of prefixes is given on p. 20.

In main clauses, the prefix of a **separable** verb is separated from the main verb in all tenses except the infinitive and the past participle. The past participle is formed by inserting **ge-** between the past participle of the main verb and the prefix, to form one word (an**ge**zogen, teil**ge**nommen), *e.g.* from **anrufen** (to telephone):

er **ruft** um neun Uhr **an**
er **rief** gestern **an**
er **hat** um neun Uhr an**ge**rufen

Verbs with **inseparable** prefixes have no **ge-** in the past participle (**entdeckt**, **verschwunden**), and the prefix is never separated from the main verb stem, e.g. from **bestellen** (to order):

er **bestellt** ein Buch
er **bestellte** es gestern
er **hat** es gestern **bestellt**

Verbs ending in "-ieren"

These are often foreign borrowings, and behave like inseparable verbs in that they have no **ge-** in the past participle:
e.g. **telefonieren** → *ptp* **telefoniert**
interessieren → *ptp* **interessiert**

Verbal prefixes

Separable prefixes:

ab-	heran-	hinunter-
an-	herauf-	hinweg-
auf-	heraus-	hoch-
aus-	herbei-	los-
bei-	herein-	mit-
da-	herüber-	nach-
ein-	herum-	nieder-
empor-	herunter-	voll-
entgegen-	hervor-	vor-
fehl-	hierher-	voran-
fest-	hin-	vorbei-
fort-	hinab-	vorüber-
frei-	hinauf-	weg-
gegen-	hinaus-	zu-
gleich-	hindurch-	zurecht-
her-	hinein-	zurück-
herab-	hinüber-	zusammen-

A separable prefix can also be another verb or noun: **spazieren** | gehen, **teil** | nehmen.

Inseparable prefixes:

be-	ge-
emp-	miß-
ent-	ver-
er-	zer-

Variable prefixes:

durch-	unter-
hinter-	voll-
über-	wider-
um-	wieder-

Reflexive verbs

Reflexive verbs should be learned with their preceding pronoun **sich** (oneself/to oneself). However, the reflexive pronoun does not always have a direct equivalent in English:
sich erinnern (to remember).
Reflexive verbs are always conjugated with **haben.**

The reflexive pronoun can be either the direct object (and therefore in the accusative) or the indirect object (and therefore in the dative). For a list of reflexive pronouns, the reader is referred to page 222.
The following are examples of reflexive verbs that take an accusative and a dative pronoun respectively:

Present indicative

sich erinnern (to remember)	**sich erlauben** (to allow oneself)
ich erinnere **mich**	ich erlaube **mir**
du erinnerst **dich**	du erlaubst **dir**
er erinnert **sich**	er erlaubt **sich**
wir erinnern **uns**	wir erlauben **uns**
ihr erinnert **euch**	ihr erlaubt **euch**
sie erinnern **sich**	sie erlauben **sich**

Imperfect indicative

ich erinnerte mich	ich erlaubte mir
du erinnertest dich	du erlaubtest dir
etc	*etc*

Perfect indicative

ich habe mich ..erinnert	ich habe mir ....erlaubt
du hast dich ...erinnert	du hast dir .....erlaubt
etc	*etc*

Future indicative

ich werde mich..erinnern	ich werde mir ..erlauben
du wirst dich ..erinnern	du wirst dir ...erlauben
etc	*etc*

Verbs followed by a preposition

Prepositions are used after many German verbs in much the same way as in English, although unfortunately the prepositions are not always the same for both languages!
Some German verbs need prepositions where none are required in English (**diskutieren über**: to discuss). Here are some common verb + preposition patterns:

abhängen von (*+dat*) to depend on
achten auf (*+acc*) to pay attention to
sich amüsieren über (*+acc*) to laugh at
sich beschäftigen mit (*+dat*) to occupy oneself with
bestehen aus (*+dat*) to consist of
sich bewerben um (*+acc*) to apply for
sich bewerben bei (*+dat*) to apply to
bitten um (*+acc*) to ask for
denken an (*+acc*) to be thinking of
denken über (*+acc*) to think about, hold an opinion of
diskutieren über (*+acc*) to discuss
duften nach (*+dat*) to smell of
sich erinnern an (*+acc*) to remember
sich freuen auf (*+acc*) to look forward to
sich freuen über (*+acc*) to be pleased about
sich gewöhnen an (*+acc*) to get used to
sich interessieren für (*+acc*) to be interested in
kämpfen um (*+acc*) to fight for
sich kümmern um (*+acc*) to take care of
leiden an (*+dat*) to suffer from
neigen zu (*+dat*) to be inclined to
riechen nach (*+dat*) to smell of
schmecken nach (*+dat*) to taste of
sehnen nach (*+dat*) to long for
sprechen mit (*+dat*) to speak to
sterben an (*+dat*) to die of
telefonieren mit (*+dat*) to speak to (s.o.) on the phone
sich verabschieden von (*+dat*) to say goodbye to
warten auf (*+acc*) to wait for
zittern vor (*+dat*) to tremble with

The position of the verb in the clause

In **main clauses** beginning with a subject and verb, the order is as in English:
Ich gehe ins Kino I am going to the cinema.

When the verb is in a compound tense, the order is as follows:
Ich bin ins Kino gegangen I went to the cinema
Er wird Deutsch lernen he will learn German.

The subject and main verb are inverted in direct questions:
Ist er krank? is he ill?
Hast du es getan? have you done it?
and when something other than the subject and verb begins the main clause:
Den Mann kannte sie nicht she didn't know the/that man
Morgen gehe ich ins Kino I'm going to the cinema tomorrow.

The conjunctions **und**, **oder**, **allein**, **sondern** and **denn**, however, do not cause the verb and subject to invert:
...und er ist krank and he's ill
...aber ich kann es nicht but I can't do it.

In **subordinate clauses** the main verb is placed at the end:
Er kommt nicht, **weil er kein Geld hat**
he isn't coming because he has no money
Ich weiß, **daß du es hast**
I know (that) you have it.

Separable prefixes (see p. 19) are placed at the end of a main clause, but in subordinate clauses the prefix and verb are reunited as one word at the end of the clause:
...obwohl er ankommt although he's coming
...als er aufstand when he got up.

Modal verbs (see p. 4) used with an infinitive behave just like any verb in main and subordinate clauses:
Er möchte gehen he would like to go
...weil er es kaufen wollte because he wanted to buy it.

1 annehmen [strong, separable, *haben*]
to accept

PRESENT PARTICIPLE	PAST PARTICIPLE
annehmend	angenommen

PRESENT INDICATIVE	PRESENT SUBJUNCTIVE
ich nehme an	ich nehme an
du nimmst an	du nehmest an
er nimmt an	er nehme an
wir nehmen an	wir nehmen an
ihr nehmt an	ihr nehmet an
sie nehmen an	sie nehmen an
IMPERFECT INDICATIVE	**IMPERFECT SUBJUNCTIVE**
ich nahm an	ich nähme an
du nahmst an	du nähmest an
er nahm an	er nähme an
wir nahmen an	wir nähmen an
ihr nahmt an	ihr nähmet an
sie nahmen an	sie nähmen an
FUTURE INDICATIVE	**CONDITIONAL**
ich werde annehmen	ich würde annehmen
du wirst annehmen	du würdest annehmen
er wird annehmen	er würde annehmen
wir werden annehmen	wir würden annehmen
ihr werdet annehmen	ihr würdet annehmen
sie werden annehmen	sie würden annehmen
PERFECT INDICATIVE	**PLUPERFECT SUBJUNCTIVE**
ich habe angenommen	ich hätte angenommen
du hast angenommen	du hättest angenommen
er hat angenommen	er hätte angenommen
wir haben angenommen	wir hätten angenommen
ihr habt angenommen	ihr hättet angenommen
sie haben angenommen	sie hätten angenommen

IMPERATIVE: nimm an! nehmen wir an! nehmt an! nehmen Sie an!

arbeiten [weak, *haben*]
to work

PRESENT PARTICIPLE	PAST PARTICIPLE
arbeitend	gearbeitet

PRESENT INDICATIVE	PRESENT SUBJUNCTIVE
ich arbeite	ich arbeite
du arbeitest	du arbeitest
er arbeitet	er arbeite
wir arbeiten	wir arbeiten
ihr arbeitet	ihr arbeitet
sie arbeiten	sie arbeiten
IMPERFECT INDICATIVE	**IMPERFECT SUBJUNCTIVE**
ich arbeitete	ich arbeitete
du arbeitetest	du arbeitetest
er arbeitete	er arbeitete
wir arbeiteten	wir arbeiteten
ihr arbeitetet	ihr arbeitetet
sie arbeiteten	sie arbeiteten
FUTURE INDICATIVE	**CONDITIONAL**
ich werde arbeiten	ich würde arbeiten
du wirst arbeiten	du würdest arbeiten
er wird arbeiten	er würde arbeiten
wir werden arbeiten	wir würden arbeiten
ihr werdet arbeiten	ihr würdet arbeiten
sie werden arbeiten	sie würden arbeiten
PERFECT INDICATIVE	**PLUPERFECT SUBJUNCTIVE**
ich habe gearbeitet	ich hätte gearbeitet
du hast gearbeitet	du hättest gearbeitet
er hat gearbeitet	er hätte gearbeitet
wir haben gearbeitet	wir hätten gearbeitet
ihr habt gearbeitet	ihr hättet gearbeitet
sie haben gearbeitet	sie hätten gearbeitet

IMPERATIVE: arbeite! arbeiten wir! arbeitet! arbeiten Sie!

3 **atmen** [weak, *haben*]
to breathe

PRESENT PARTICIPLE	PAST PARTICIPLE
atmend	geatmet

PRESENT INDICATIVE	PRESENT SUBJUNCTIVE
ich atme	ich atme
du atmest	du atmest
er atmet	er atme
wir atmen	wir atmen
ihr atmet	ihr atmet
sie atmen	sie atmen
IMPERFECT INDICATIVE	**IMPERFECT SUBJUNCTIVE**
ich atmete	ich atmete
du atmetest	du atmetest
er atmete	er atmete
wir atmeten	wir atmeten
ihr atmetet	ihr atmetet
sie atmeten	sie atmeten
FUTURE INDICATIVE	**CONDITIONAL**
ich werde atmen	ich würde atmen
du wirst atmen	du würdest atmen
er wird atmen	er würde atmen
wir werden atmen	wir würden atmen
ihr werdet atmen	ihr würdet atmen
sie werden atmen	sie würden atmen
PERFECT INDICATIVE	**PLUPERFECT SUBJUNCTIVE**
ich habe geatmet	ich hätte geatmet
du hast geatmet	du hättest geatmet
er hat geatmet	er hätte geatmet
wir haben geatmet	wir hätten geatmet
ihr habt geatmet	ihr hättet geatmet
sie haben geatmet	sie hätten geatmet

IMPERATIVE: atme! atmen wir! atmet! atmen Sie!

ausreichen [weak, separable, *haben*] **4**
to be enough

PRESENT PARTICIPLE
ausreichend

PAST PARTICIPLE
ausgereicht

PRESENT INDICATIVE
ich reiche aus
du reichst aus
er reicht aus
wir reichen aus
ihr reicht aus
sie reichen aus

IMPERFECT INDICATIVE
ich reichte aus
du reichtest aus
er reichte aus
wir reichten aus
ihr reichtet aus
sie reichten aus

FUTURE INDICATIVE
ich werde ausreichen
du wirst ausreichen
er wird ausreichen
wir werden ausreichen
ihr werdet ausreichen
sie werden ausreichen

PERFECT INDICATIVE
ich habe ausgereicht
du hast ausgereicht
er hat ausgereicht
wir haben ausgereicht
ihr habt ausgereicht
sie haben ausgereicht

PRESENT SUBJUNCTIVE
ich reiche aus
du reichest aus
er reiche aus
wir reichen aus
ihr reichet aus
sie reichen aus

IMPERFECT SUBJUNCTIVE
ich reichte aus
du reichtest aus
er reichte aus
wir reichten aus
ihr reichtet aus
sie reichten aus

CONDITIONAL
ich würde ausreichen
du würdest ausreichen
er würde ausreichen
wir würden ausreichen
ihr würdet ausreichen
sie würden ausreichen

PLUPERFECT SUBJUNCTIVE
ich hätte ausgereicht
du hättest ausgereicht
er hätte ausgereicht
wir hätten ausgereicht
ihr hättet ausgereicht
sie hätten ausgereicht

IMPERATIVE: reich(e) aus! reichen wir aus! reicht aus! reichen Sie aus!

5 backen [strong, *haben*]
to bake

PRESENT PARTICIPLE	PAST PARTICIPLE
backend	gebacken

PRESENT INDICATIVE	**PRESENT SUBJUNCTIVE**
ich backe	ich backe
du bäckst	du backest
er bäckt	er backe
wir backen	wir backen
ihr backt	ihr backet
sie backen	sie backen
IMPERFECT INDICATIVE	**IMPERFECT SUBJUNCTIVE**
ich backte	ich backte
du backtest	du backtest
er backte	er backte
wir backten	wir backten
ihr backtet	ihr backtet
sie backten	sie backten
FUTURE INDICATIVE	**CONDITIONAL**
ich werde backen	ich würde backen
du wirst backen	du würdest backen
er wird backen	er würde backen
wir werden backen	wir würden backen
ihr werdet backen	ihr würdet backen
sie werden backen	sie würden backen
PERFECT INDICATIVE	**PLUPERFECT SUBJUNCTIVE**
ich habe gebacken	ich hätte gebacken
du hast gebacken	du hättest gebacken
er hat gebacken	er hätte gebacken
wir haben gebacken	wir hätten gebacken
ihr habt gebacken	ihr hättet gebacken
sie haben gebacken	sie hätten gebacken

IMPERATIVE: back(e)! backen wir! backt! backen Sie!

befehlen [strong, inseparable, *haben*] **6**

to command

PRESENT PARTICIPLE	PAST PARTICIPLE
befehlend	befohlen

PRESENT INDICATIVE	PRESENT SUBJUNCTIVE
ich befehle	ich befehle
du befiehlst	du befehlest
er befiehlt	er befehle
wir befehlen	wir befehlen
ihr befehlt	ihr befehlet
sie befehlen	sie befehlen
IMPERFECT INDICATIVE	**IMPERFECT SUBJUNCTIVE**
ich befahl	ich befähle
du befahlst	du befählest
er befahl	er befähle
wir befahlen	wir befählen
ihr befahlt	ihr befählet
sie befahlen	sie befählen
FUTURE INDICATIVE	**CONDITIONAL**
ich werde befehlen	ich würde befehlen
du wirst befehlen	du würdest befehlen
er wird befehlen	er würde befehlen
wir werden befehlen	wir würden befehlen
ihr werdet befehlen	ihr würdet befehlen
sie werden befehlen	sie würden befehlen
PERFECT INDICATIVE	**PLUPERFECT SUBJUNCTIVE**
ich habe befohlen	ich hätte befohlen
du hast befohlen	du hättest befohlen
er hat befohlen	er hätte befohlen
wir haben befohlen	wir hätten befohlen
ihr habt befohlen	ihr hättet befohlen
sie haben befohlen	sie hätten befohlen

IMPERATIVE: befiehl! befehlen wir! befehlt! befehlen Sie!

7 beginnen [strong, inseparable, *haben*]
to begin

PRESENT PARTICIPLE	PAST PARTICIPLE
beginnend	begonnen

PRESENT INDICATIVE	PRESENT SUBJUNCTIVE
ich beginne	ich beginne
du beginnst	du beginnest
er beginnt	er beginne
wir beginnen	wir beginnen
ihr beginnt	ihr beginnet
sie beginnen	sie beginnen
IMPERFECT INDICATIVE	**IMPERFECT SUBJUNCTIVE**
ich begann	ich begänne
du begannst	du begännest
er begann	er begänne
wir begannen	wir begännen
ihr begannt	ihr begännet
sie begannen	sie begännen
FUTURE INDICATIVE	**CONDITIONAL**
ich werde beginnen	ich würde beginnen
du wirst beginnen	du würdest beginnen
er wird beginnen	er würde beginnen
wir werden beginnen	wir würden beginnen
ihr werdet beginnen	ihr würdet beginnen
sie werden beginnen	sie würden beginnen
PERFECT INDICATIVE	**PLUPERFECT SUBJUNCTIVE**
ich habe begonnen	ich hätte begonnen
du hast begonnen	du hättest begonnen
er hat begonnen	er hätte begonnen
wir haben begonnen	wir hätten begonnen
ihr habt begonnen	ihr hättet begonnen
sie haben begonnen	sie hätten begonnen

IMPERATIVE: beginn(e)! beginnen wir! beginnt! beginnen Sie!

beißen [strong, *haben*]
to bite

PRESENT PARTICIPLE	PAST PARTICIPLE
beißend	gebissen

PRESENT INDICATIVE	PRESENT SUBJUNCTIVE
ich beiße	ich beiße
du beißt	du beißest
er beißt	er beiße
wir beißen	wir beißen
ihr beißt	ihr beißet
sie beißen	sie beißen
IMPERFECT INDICATIVE	**IMPERFECT SUBJUNCTIVE**
ich biß	ich bisse
du bissest	du bissest
er biß	er bisse
wir bissen	wir bissen
ihr bißt	ihr bisset
sie bissen	sie bissen
FUTURE INDICATIVE	**CONDITIONAL**
ich werde beißen	ich würde beißen
du wirst beißen	du würdest beißen
er wird beißen	er würde beißen
wir werden beißen	wir würden beißen
ihr werdet beißen	ihr würdet beißen
sie werden beißen	sie würden beißen
PERFECT INDICATIVE	**PLUPERFECT SUBJUNCTIVE**
ich habe gebissen	ich hätte gebissen
du hast gebissen	du hättest gebissen
er hat gebissen	er hätte gebissen
wir haben gebissen	wir hätten gebissen
ihr habt gebissen	ihr hättet gebissen
sie haben gebissen	sie hätten gebissen

IMPERATIVE: beiß(e)! beißen wir! beißt! beißen Sie!

9 bergen [strong, *haben*]
to salvage

PRESENT PARTICIPLE	PAST PARTICIPLE
bergend	geborgen

PRESENT INDICATIVE	PRESENT SUBJUNCTIVE
ich berge	ich berge
du birgst	du bergest
er birgt	er berge
wir bergen	wir bergen
ihr bergt	ihr berget
sie bergen	sie bergen
IMPERFECT INDICATIVE	**IMPERFECT SUBJUNCTIVE**
ich barg	ich bärge
du bargst	du bärgest
er barg	er bärge
wir bargen	wir bärgen
ihr bargt	ihr bärget
sie bargen	sie bärgen
FUTURE INDICATIVE	**CONDITIONAL**
ich werde bergen	ich würde bergen
du wirst bergen	du würdest bergen
er wird bergen	er würde bergen
wir werden bergen	wir würden bergen
ihr werdet bergen	ihr würdet bergen
sie werden bergen	sie würden bergen
PERFECT INDICATIVE	**PLUPERFECT SUBJUNCTIVE**
ich habe geborgen	ich hätte geborgen
du hast geborgen	du hättest geborgen
er hat geborgen	er hätte geborgen
wir haben geborgen	wir hätten geborgen
ihr habt geborgen	ihr hättet geborgen
sie haben geborgen	sie hätten geborgen

IMPERATIVE: birg! bergen wir! bergt! bergen Sie!

bersten [strong, *sein*] **10**
to burst

PRESENT PARTICIPLE	PAST PARTICIPLE
berstend	geborsten

PRESENT INDICATIVE	PRESENT SUBJUNCTIVE
ich berste	ich berste
du birst	du berstest
er birst	er berste
wir bersten	wir bersten
ihr berstet	ihr berstet
sie bersten	sie bersten
IMPERFECT INDICATIVE	**IMPERFECT SUBJUNCTIVE**
ich barst	ich bärste
du barstest	du bärstest
er barst	er bärste
wir barsten	wir bärsten
ihr barstet	ihr bärstet
sie barsten	sie bärsten
FUTURE INDICATIVE	**CONDITIONAL**
ich werde bersten	ich würde bersten
du wirst bersten	du würdest bersten
er wird bersten	er würde bersten
wir werden bersten	wir würden bersten
ihr werdet bersten	ihr würdet bersten
sie werden bersten	sie würden bersten
PERFECT INDICATIVE	**PLUPERFECT SUBJUNCTIVE**
ich bin geborsten	ich wäre geborsten
du bist geborsten	du wär(e)st geborsten
er ist geborsten	er wäre geborsten
wir sind geborsten	wir wären geborsten
ihr seid geborsten	ihr wär(e)t geborsten
sie sind geborsten	sie wären geborsten

IMPERATIVE: birst! bersten wir! berstet! bersten Sie!

11 biegen [strong, *haben/sein*]
to bend/to turn (*transitive/intransitive*)

PRESENT PARTICIPLE	PAST PARTICIPLE
biegend	gebogen

PRESENT INDICATIVE	PRESENT SUBJUNCTIVE
ich biege	ich biege
du biegst	du biegest
er biegt	er biege
wir biegen	wir biegen
ihr biegt	ihr bieget
sie biegen	sie biegen
IMPERFECT INDICATIVE	**IMPERFECT SUBJUNCTIVE**
ich bog	ich böge
du bogst	du bögest
er bog	er böge
wir bogen	wir bögen
ihr bogt	ihr böget
sie bogen	sie bögen
FUTURE INDICATIVE	**CONDITIONAL**
ich werde biegen	ich würde biegen
du wirst biegen	du würdest biegen
er wird biegen	er würde biegen
wir werden biegen	wir würden biegen
ihr werdet biegen	ihr würdet biegen
sie werden biegen	sie würden biegen
PERFECT INDICATIVE	**PLUPERFECT SUBJUNCTIVE**
ich habe gebogen*	ich hätte gebogen*
du hast gebogen	du hättest gebogen
er hat gebogen	er hätte gebogen
wir haben gebogen	wir hätten gebogen
ihr habt gebogen	ihr hättet gebogen
sie haben gebogen	sie hätten gebogen

IMPERATIVE: bieg(e)! biegen wir! biegt! biegen Sie!
*OR: ich bin/wäre gebogen *etc* (*when intransitive*).

bieten [strong, *haben*]
to offer

PRESENT PARTICIPLE	PAST PARTICIPLE
bietend	geboten

PRESENT INDICATIVE	PRESENT SUBJUNCTIVE
ich biete	ich biete
du bietest	du bietest
er bietet	er biete
wir bieten	wir bieten
ihr bietet	ihr bietet
sie bieten	sie bieten
IMPERFECT INDICATIVE	**IMPERFECT SUBJUNCTIVE**
ich bot	ich böte
du botst	du bötest
er bot	er böte
wir boten	wir böten
ihr botet	ihr bötet
sie boten	sie böten
FUTURE INDICATIVE	**CONDITIONAL**
ich werde bieten	ich würde bieten
du wirst bieten	du würdest bieten
er wird bieten	er würde bieten
wir werden bieten	wir würden bieten
ihr werdet bieten	ihr würdet bieten
sie werden bieten	sie würden bieten
PERFECT INDICATIVE	**PLUPERFECT SUBJUNCTIVE**
ich habe geboten	ich hätte geboten
du hast geboten	du hättest geboten
er hat geboten	er hätte geboten
wir haben geboten	wir hätten geboten
ihr habt geboten	ihr hättet geboten
sie haben geboten	sie hätten geboten

IMPERATIVE: biet(e)! bieten wir! bietet! bieten Sie!

13 binden [strong, *haben*]

to tie

PRESENT PARTICIPLE	PAST PARTICIPLE
bindend	gebunden

PRESENT INDICATIVE	PRESENT SUBJUNCTIVE
ich binde	ich binde
du bindest	du bindest
er bindet	er binde
wir binden	wir binden
ihr bindet	ihr bindet
sie binden	sie binden
IMPERFECT INDICATIVE	**IMPERFECT SUBJUNCTIVE**
ich band	ich bände
du bandst	du bändest
er band	er bände
wir banden	wir bänden
ihr bandet	ihr bändet
sie banden	sie bänden
FUTURE INDICATIVE	**CONDITIONAL**
ich werde binden	ich würde binden
du wirst binden	du würdest binden
er wird binden	er würde binden
wir werden binden	wir würden binden
ihr werdet binden	ihr würdet binden
sie werden binden	sie würden binden
PERFECT INDICATIVE	**PLUPERFECT SUBJUNCTIVE**
ich habe gebunden	ich hätte gebunden
du hast gebunden	du hättest gebunden
er hat gebunden	er hätte gebunden
wir haben gebunden	wir hätten gebunden
ihr habt gebunden	ihr hättet gebunden
sie haben gebunden	sie hätten gebunden

IMPERATIVE: bind(e)! binden wir! bindet! binden Sie!

bitten [strong, *haben*]

to request

PRESENT PARTICIPLE	PAST PARTICIPLE
bittend	gebeten

PRESENT INDICATIVE	PRESENT SUBJUNCTIVE
ich bitte	ich bitte
du bittest	du bittest
er bittet	er bitte
wir bitten	wir bitten
ihr bittet	ihr bittet
sie bitten	sie bitten
IMPERFECT INDICATIVE	**IMPERFECT SUBJUNCTIVE**
ich bat	ich bäte
du batst	du bätest
er bat	er bäte
wir baten	wir bäten
ihr batet	ihr bätet
sie baten	sie bäten
FUTURE INDICATIVE	**CONDITIONAL**
ich werde bitten	ich würde bitten
du wirst bitten	du würdest bitten
er wird bitten	er würde bitten
wir werden bitten	wir würden bitten
ihr werdet bitten	ihr würdet bitten
sie werden bitten	sie würden bitten
PERFECT INDICATIVE	**PLUPERFECT SUBJUNCTIVE**
ich habe gebeten	ich hätte gebeten
du hast gebeten	du hättest gebeten
er hat gebeten	er hätte gebeten
wir haben gebeten	wir hätten gebeten
ihr habt gebeten	ihr hättet gebeten
sie haben gebeten	sie hätten gebeten

IMPERATIVE: bitt(e)! bitten wir! bittet! bitten Sie!

15 blasen [strong, *haben*]
to blow

PRESENT PARTICIPLE	PAST PARTICIPLE
blasend	geblasen

PRESENT INDICATIVE	PRESENT SUBJUNCTIVE
ich blase	ich blase
du bläst	du blasest
er bläst	er blase
wir blasen	wir blasen
ihr blast	ihr blaset
sie blasen	sie blasen
IMPERFECT INDICATIVE	**IMPERFECT SUBJUNCTIVE**
ich blies	ich bliese
du bliesest	du bliesest
er blies	er bliese
wir bliesen	wir bliesen
ihr bliest	ihr blieset
sie bliesen	sie bliesen
FUTURE INDICATIVE	**CONDITIONAL**
ich werde blasen	ich würde blasen
du wirst blasen	du würdest blasen
er wird blasen	er würde blasen
wir werden blasen	wir würden blasen
ihr werdet blasen	ihr würdet blasen
sie werden blasen	sie würden blasen
PERFECT INDICATIVE	**PLUPERFECT SUBJUNCTIVE**
ich habe geblasen	ich hätte geblasen
du hast geblasen	du hättest geblasen
er hat geblasen	er hätte geblasen
wir haben geblasen	wir hätten geblasen
ihr habt geblasen	ihr hättet geblasen
sie haben geblasen	sie hätten geblasen

IMPERATIVE: blas(e)! blasen wir! blast! blasen Sie!

bleiben [strong, *sein*] — 16

to remain

PRESENT PARTICIPLE	PAST PARTICIPLE
bleibend	geblieben

PRESENT INDICATIVE	PRESENT SUBJUNCTIVE
ich bleibe	ich bleibe
du bleibst	du bleibest
er bleibt	er bleibe
wir bleiben	wir bleiben
ihr bleibt	ihr bleibet
sie bleiben	sie bleiben
IMPERFECT INDICATIVE	**IMPERFECT SUBJUNCTIVE**
ich blieb	ich bliebe
du bliebst	du bliebest
er blieb	er bliebe
wir blieben	wir blieben
ihr bliebt	ihr bliebet
sie blieben	sie blieben
FUTURE INDICATIVE	**CONDITIONAL**
ich werde bleiben	ich würde bleiben
du wirst bleiben	du würdest bleiben
er wird bleiben	er würde bleiben
wir werden bleiben	wir würden bleiben
ihr werdet bleiben	ihr würdet bleiben
sie werden bleiben	sie würden bleiben
PERFECT INDICATIVE	**PLUPERFECT SUBJUNCTIVE**
ich bin geblieben	ich wäre geblieben
du bist geblieben	du wär(e)st geblieben
er ist geblieben	er wäre geblieben
wir sind geblieben	wir wären geblieben
ihr seid geblieben	ihr wär(e)t geblieben
sie sind geblieben	sie wären geblieben

IMPERATIVE: bleib(e)! bleiben wir! bleibt! bleiben Sie!

17 braten [strong, *haben*]
to fry

PRESENT PARTICIPLE	PAST PARTICIPLE
bratend	gebraten

PRESENT INDICATIVE	PRESENT SUBJUNCTIVE
ich brate	ich brate
du brätst	du bratest
er brät	er brate
wir braten	wir braten
ihr bratet	ihr bratet
sie braten	sie braten
IMPERFECT INDICATIVE	**IMPERFECT SUBJUNCTIVE**
ich briet	ich briete
du brietst	du brietest
er briet	er briete
wir brieten	wir brieten
ihr brietet	ihr brietet
sie brieten	sie brieten
FUTURE INDICATIVE	**CONDITIONAL**
ich werde braten	ich würde braten
du wirst braten	du würdest braten
er wird braten	er würde braten
wir werden braten	wir würden braten
ihr werdet braten	ihr würdet braten
sie werden braten	sie würden braten
PERFECT INDICATIVE	**PLUPERFECT SUBJUNCTIVE**
ich habe gebraten	ich hätte gebraten
du hast gebraten	du hättest gebraten
er hat gebraten	er hätte gebraten
wir haben gebraten	wir hätten gebraten
ihr habt gebraten	ihr hättet gebraten
sie haben gebraten	sie hätten gebraten

IMPERATIVE: brat(e)! braten wir! bratet! braten Sie!

brechen [strong, *haben/sein*]
to break (*transitive/intransitive*)

PRESENT PARTICIPLE	PAST PARTICIPLE
brechend	gebrochen

PRESENT INDICATIVE	PRESENT SUBJUNCTIVE
ich breche	ich breche
du brichst	du brechest
er bricht	er breche
wir brechen	wir brechen
ihr brecht	ihr brechet
sie brechen	sie brechen
IMPERFECT INDICATIVE	**IMPERFECT SUBJUNCTIVE**
ich brach	ich bräche
du brachst	du brächest
er brach	er bräche
wir brachen	wir brächen
ihr bracht	ihr brächet
sie brachen	sie brächen
FUTURE INDICATIVE	**CONDITIONAL**
ich werde brechen	ich würde brechen
du wirst brechen	du würdest brechen
er wird brechen	er würde brechen
wir werden brechen	wir würden brechen
ihr werdet brechen	ihr würdet brechen
sie werden brechen	sie würden brechen
PERFECT INDICATIVE	**PLUPERFECT SUBJUNCTIVE**
ich habe gebrochen*	ich hätte gebrochen*
du hast gebrochen	du hättest gebrochen
er hat gebrochen	er hätte gebrochen
wir haben gebrochen	wir hätten gebrochen
ihr habt gebrochen	ihr hättet gebrochen
sie haben gebrochen	sie hätten gebrochen

IMPERATIVE: brich! brechen wir! brecht! brechen Sie!
*OR ich bin/wäre gebrochen *etc* (*when intransitive*).

19 brennen [mixed, *haben*]
to burn

PRESENT PARTICIPLE	PAST PARTICIPLE
brennend	gebrannt

PRESENT INDICATIVE	PRESENT SUBJUNCTIVE
ich brenne	ich brenne
du brennst	du brennest
er brennt	er brenne
wir brennen	wir brennen
ihr brennt	ihr brennet
sie brennen	sie brennen
IMPERFECT INDICATIVE	**IMPERFECT SUBJUNCTIVE**
ich brannte	ich brennte
du branntest	du brenntest
er brannte	er brennte
wir brannten	wir brennten
ihr branntet	ihr brenntet
sie brannten	sie brennten
FUTURE INDICATIVE	**CONDITIONAL**
ich werde brennen	ich würde brennen
du wirst brennen	du würdest brennen
er wird brennen	er würde brennen
wir werden brennen	wir würden brennen
ihr werdet brennen	ihr würdet brennen
sie werden brennen	sie würden brennen
PERFECT INDICATIVE	**PLUPERFECT SUBJUNCTIVE**
ich habe gebrannt	ich hätte gebrannt
du hast gebrannt	du hättest gebrannt
er hat gebrannt	er hätte gebrannt
wir haben gebrannt	wir hätten gebrannt
ihr habt gebrannt	ihr hättet gebrannt
sie haben gebrannt	sie hätten gebrannt

IMPERATIVE: brenn(e)! brennen wir! brennt! brennen Sie!

bringen [mixed, *haben*] 20
to bring

PRESENT PARTICIPLE	PAST PARTICIPLE
bringend	gebracht

PRESENT INDICATIVE	PRESENT SUBJUNCTIVE
ich bringe	ich bringe
du bringst	du bringest
er bringt	er bringe
wir bringen	wir bringen
ihr bringt	ihr bringet
sie bringen	sie bringen
IMPERFECT INDICATIVE	**IMPERFECT SUBJUNCTIVE**
ich brachte	ich brächte
du brachtest	du brächtest
er brachte	er brächte
wir brachten	wir brächten
ihr brachtet	ihr brächtet
sie brachten	sie brächten
FUTURE INDICATIVE	**CONDITIONAL**
ich werde bringen	ich würde bringen
du wirst bringen	du würdest bringen
er wird bringen	er würde bringen
wir werden bringen	wir würden bringen
ihr werdet bringen	ihr würdet bringen
sie werden bringen	sie würden bringen
PERFECT INDICATIVE	**PLUPERFECT SUBJUNCTIVE**
ich habe gebracht	ich hätte gebracht
du hast gebracht	du hättest gebracht
er hat gebracht	er hätte gebracht
wir haben gebracht	wir hätten gebracht
ihr habt gebracht	ihr hättet gebracht
sie haben gebracht	sie hätten gebracht

IMPERATIVE: bring(e)! bringen wir! bringt! bringen Sie!

21 **denken** [mixed, *haben*]
to think

PRESENT PARTICIPLE	PAST PARTICIPLE
denkend	gedacht

PRESENT INDICATIVE	PRESENT SUBJUNCTIVE
ich denke	ich denke
du denkst	du denkest
er denkt	er denke
wir denken	wir denken
ihr denkt	ihr denket
sie denken	sie denken
IMPERFECT INDICATIVE	**IMPERFECT SUBJUNCTIVE**
ich dachte	ich dächte
du dachtest	du dächtest
er dachte	er dächte
wir dachten	wir dächten
ihr dachtet	ihr dächtet
sie dachten	sie dächten
FUTURE INDICATIVE	**CONDITIONAL**
ich werde denken	ich würde denken
du wirst denken	du würdest denken
er wird denken	er würde denken
wir werden denken	wir würden denken
ihr werdet denken	ihr würdet denken
sie werden denken	sie würden denken
PERFECT INDICATIVE	**PLUPERFECT SUBJUNCTIVE**
ich habe gedacht	ich hätte gedacht
du hast gedacht	du hättest gedacht
er hat gedacht	er hätte gedacht
wir haben gedacht	wir hätten gedacht
ihr habt gedacht	ihr hättet gedacht
sie haben gedacht	sie hätten gedacht

IMPERATIVE: denk(e)! denken wir! denkt! denken Sie!

dreschen [strong, *haben*]
to thresh

PRESENT PARTICIPLE	PAST PARTICIPLE
dreschend	gedroschen

PRESENT INDICATIVE	PRESENT SUBJUNCTIVE
ich dresche	ich dresche
du drischst	du dreschest
er drischt	er dresche
wir dreschen	wir dreschen
ihr drescht	ihr dreschet
sie dreschen	sie dreschen
IMPERFECT INDICATIVE	**IMPERFECT SUBJUNCTIVE**
ich drosch	ich drösche
du droschest	du dröschest
er drosch	er drösche
wir droschen	wir dröschen
ihr droscht	ihr dröschet
sie droschen	sie dröschen
FUTURE INDICATIVE	**CONDITIONAL**
ich werde dreschen	ich würde dreschen
du wirst dreschen	du würdest dreschen
er wird dreschen	er würde dreschen
wir werden dreschen	wir würden dreschen
ihr werdet dreschen	ihr würdet dreschen
sie werden dreschen	sie würden dreschen
PERFECT INDICATIVE	**PLUPERFECT SUBJUNCTIVE**
ich habe gedroschen	ich hätte gedroschen
du hast gedroschen	du hättest gedroschen
er hat gedroschen	er hätte gedroschen
wir haben gedroschen	wir hätten gedroschen
ihr habt gedroschen	ihr hättet gedroschen
sie haben gedroschen	sie hätten gedroschen

IMPERATIVE: drisch! dreschen wir! drescht! dreschen Sie!

23 dringen [strong, *sein*]

to penetrate

PRESENT PARTICIPLE	PAST PARTICIPLE
dringend	gedrungen

PRESENT INDICATIVE	PRESENT SUBJUNCTIVE
ich dringe	ich dringe
du dringst	du dringest
er dringt	er dringe
wir dringen	wir dringen
ihr dringt	ihr dringet
sie dringen	sie dringen
IMPERFECT INDICATIVE	**IMPERFECT SUBJUNCTIVE**
ich drang	ich dränge
du drangst	du drängest
er drang	er dränge
wir drangen	wir drängen
ihr drangt	ihr dränget
sie drangen	sie drängen
FUTURE INDICATIVE	**CONDITIONAL**
ich werde dringen	ich würde dringen
du wirst dringen	du würdest dringen
er wird dringen	er würde dringen
wir werden dringen	wir würden dringen
ihr werdet dringen	ihr würdet dringen
sie werden dringen	sie würden dringen
PERFECT INDICATIVE	**PLUPERFECT SUBJUNCTIVE**
ich bin gedrungen	ich wäre gedrungen
du bist gedrungen	du wär(e)st gedrungen
er ist gedrungen	er wäre gedrungen
wir sind gedrungen	wir wären gedrungen
ihr seid gedrungen	ihr wär(e)t gedrungen
sie sind gedrungen	sie wären gedrungen

IMPERATIVE: dring(e)! dringen wir! dringt! dringen Sie!

dürfen [modal, *haben*] **24**

to be allowed to

PRESENT PARTICIPLE	PAST PARTICIPLE
dürfend	gedurft/dürfen*

PRESENT INDICATIVE	PRESENT SUBJUNCTIVE
ich darf	ich dürfe
du darfst	du dürfest
er darf	er dürfe
wir dürfen	wir dürfen
ihr dürft	ihr dürfet
sie dürfen	sie dürfen
IMPERFECT INDICATIVE	**IMPERFECT SUBJUNCTIVE**
ich durfte	ich dürfte
du durftest	du dürftest
er durfte	er dürfte
wir durften	wir dürften
ihr durftet	ihr dürftet
sie durften	sie dürften
FUTURE INDICATIVE	**CONDITIONAL**
ich werde dürfen	ich würde dürfen
du wirst dürfen	du würdest dürfen
er wird dürfen	er würde dürfen
wir werden dürfen	wir würden dürfen
ihr werdet dürfen	ihr würdet dürfen
sie werden dürfen	sie würden dürfen
PERFECT INDICATIVE	**PLUPERFECT SUBJUNCTIVE**
ich habe gedurft/dürfen	ich hätte gedurft/dürfen
du hast gedurft/dürfen	du hättest gedurft/dürfen
er hat gedurft/dürfen	er hätte gedurft/dürfen
wir haben gedurft/dürfen	wir hätten gedurft/dürfen
ihr habt gedurft/dürfen	ihr hättet gedurft/dürfen
sie haben gedurft/dürfen	sie hätten gedurft/dürfen

**The second form is used when combined with an infinitive construction.*

25 empfehlen [strong, inseparable, *haben*]

to recommend

PRESENT PARTICIPLE	PAST PARTICIPLE
empfehlend	empfohlen

PRESENT INDICATIVE	PRESENT SUBJUNCTIVE
ich empfehle	ich empfehle
du empfiehlst	du empfehlest
er empfiehlt	er empfehle
wir empfehlen	wir empfehlen
ihr empfehlt	ihr empfehlet
sie empfehlen	sie empfehlen
IMPERFECT INDICATIVE	IMPERFECT SUBJUNCTIVE
ich empfahl	ich empföhle
du empfahlst	du empföhlest
er empfahl	er empföhle
wir empfahlen	wir empföhlen
ihr empfahlt	ihr empföhlet
sie empfahlen	sie empföhlen
FUTURE INDICATIVE	CONDITIONAL
ich werde empfehlen	ich würde empfehlen
du wirst empfehlen	du würdest empfehlen
er wird empfehlen	er würde empfehlen
wir werden empfehlen	wir würden empfehlen
ihr werdet empfehlen	ihr würdet empfehlen
sie werden empfehlen	sie würden empfehlen
PERFECT INDICATIVE	PLUPERFECT SUBJUNCTIVE
ich habe empfohlen	ich hätte empfohlen
du hast empfohlen	du hättest empfohlen
er hat empfohlen	er hätte empfohlen
wir haben empfohlen	wir hätten empfohlen
ihr habt empfohlen	ihr hättet empfohlen
sie haben empfohlen	sie hätten empfohlen

IMPERATIVE: empfiehl! empfehlen wir! empfehlt! empfehlen Sie!

entdecken [weak, inseparable, *haben*]

to discover

PRESENT PARTICIPLE	PAST PARTICIPLE
entdeckend	entdeckt

PRESENT INDICATIVE	PRESENT SUBJUNCTIVE
ich entdecke	ich entdecke
du entdeckst	du entdeckest
er entdeckt	er entdecke
wir entdecken	wir entdecken
ihr entdeckt	ihr entdecket
sie entdecken	sie entdecken
IMPERFECT INDICATIVE	**IMPERFECT SUBJUNCTIVE**
ich entdeckte	ich entdeckte
du entdecktest	du entdecktest
er entdeckte	er entdeckte
wir entdeckten	wir entdeckten
ihr entdecktet	ihr entdecktet
sie entdeckten	sie entdeckten
FUTURE INDICATIVE	**CONDITIONAL**
ich werde entdecken	ich würde entdecken
du wirst entdecken	du würdest entdecken
er wird entdecken	er würde entdecken
wir werden entdecken	wir würden entdecken
ihr werdet entdecken	ihr würdet entdecken
sie werden entdecken	sie würden entdecken
PERFECT INDICATIVE	**PLUPERFECT SUBJUNCTIVE**
ich habe entdeckt	ich hätte entdeckt
du hast entdeckt	du hättest entdeckt
er hat entdeckt	er hätte entdeckt
wir haben entdeckt	wir hätten entdeckt
ihr habt entdeckt	ihr hättet entdeckt
sie haben entdeckt	sie hätten entdeckt

IMPERATIVE: entdeck(e)! entdecken wir! entdeckt! entdecken Sie!

27 **erlöschen** [strong, inseparable, *sein*]

to go out

PRESENT PARTICIPLE	PAST PARTICIPLE
erlöschend	erloschen

PRESENT INDICATIVE	PRESENT SUBJUNCTIVE
ich erlösche	ich erlösche
du erlischst	du erlöschest
er erlischt	er erlösche
wir erlöschen	wir erlöschen
ihr erlöscht	ihr erlöschet
sie erlöschen	sie erlöschen
IMPERFECT INDICATIVE	**IMPERFECT SUBJUNCTIVE**
ich erlosch	ich erlösche
du erloschest	du erlöschest
er erlosch	er erlösche
wir erloschen	wir erlöschen
ihr erloscht	ihr erlöschet
sie erloschen	sie erlöschen
FUTURE INDICATIVE	**CONDITIONAL**
ich werde erlöschen	ich würde erlöschen
du wirst erlöschen	du würdest erlöschen
er wird erlöschen	er würde erlöschen
wir werden erlöschen	wir würden erlöschen
ihr werdet erlöschen	ihr würdet erlöschen
sie werden erlöschen	sie würden erlöschen
PERFECT INDICATIVE	**PLUPERFECT SUBJUNCTIVE**
ich bin erloschen	ich wäre erloschen
du bist erloschen	du wär(e)st erloschen
er ist erloschen	er wäre erloschen
wir sind erloschen	wir wären erloschen
ihr seid erloschen	ihr wär(e)t erloschen
sie sind erloschen	sie wären erloschen

IMPERATIVE: erlisch! erlöschen wir! erlöscht! erlöschen Sie!

erschrecken* [strong, inseparable, *sein*] 28

to be startled

PRESENT PARTICIPLE	PAST PARTICIPLE
erschreckend	erschrocken

PRESENT INDICATIVE	PRESENT SUBJUNCTIVE
ich erschrecke	ich erschrecke
du erschrickst	du erschreckest
er erschrickt	er erschrecke
wir erschrecken	wir erschrecken
ihr erschreckt	ihr erschrecket
sie erschrecken	sie erschrecken
IMPERFECT INDICATIVE	**IMPERFECT SUBJUNCTIVE**
ich erschrak	ich erschräke
du erschrakst	du erschräkest
er erschrak	er erschräke
wir erschraken	wir erschräken
ihr erschrakt	ihr erschräket
sie erschraken	sie erschräken
FUTURE INDICATIVE	**CONDITIONAL**
ich werde erschrecken	ich würde erschrecken
du wirst erschrecken	du würdest erschrecken
er wird erschrecken	er würde erschrecken
wir werden erschrecken	wir würden erschrecken
ihr werdet erschrecken	ihr würdet erschrecken
sie werden erschrecken	sie würden erschrecken
PERFECT INDICATIVE	**PLUPERFECT SUBJUNCTIVE**
ich bin erschrocken	ich wäre erschrocken
du bist erschrocken	du wär(e)st erschrocken
er ist erschrocken	er wäre erschrocken
wir sind erschrocken	wir wären erschrocken
ihr seid erschrocken	ihr wär(e)t erschrocken
sie sind erschrocken	sie wären erschrocken

IMPERATIVE: erschrick! erschrecken wir! erschreckt! erschrecken Sie! **Weak when means "to frighten".*

29 essen [strong, *haben*]
to eat

PRESENT PARTICIPLE	PAST PARTICIPLE
essend	gegessen

PRESENT INDICATIVE	PRESENT SUBJUNCTIVE
ich esse	ich esse
du ißt	du essest
er ißt	er esse
wir essen	wir essen
ihr eßt	ihr esset
sie essen	sie essen
IMPERFECT INDICATIVE	**IMPERFECT SUBJUNCTIVE**
ich aß	ich äße
du aßest	du äßest
er aß	er äße
wir aßen	wir äßen
ihr aßt	ihr äßet
sie aßen	sie äßen
FUTURE INDICATIVE	**CONDITIONAL**
ich werde essen	ich würde essen
du wirst essen	du würdest essen
er wird essen	er würde essen
wir werden essen	wir würden essen
ihr werdet essen	ihr würdet essen
sie werden essen	sie würden essen
PERFECT INDICATIVE	**PLUPERFECT SUBJUNCTIVE**
ich habe gegessen	ich hätte gegessen
du hast gegessen	du hättest gegessen
er hat gegessen	er hätte gegessen
wir haben gegessen	wir hätten gegessen
ihr habt gegessen	ihr hättet gegessen
sie haben gegessen	sie hätten gegessen

IMPERATIVE: iß! essen wir! eßt! essen Sie!

fahren [strong, *haben/sein*] **30**

to drive/to go (*transitive/intransitive*)

PRESENT PARTICIPLE	PAST PARTICIPLE
fahrend	gefahren

PRESENT INDICATIVE	PRESENT SUBJUNCTIVE
ich fahre	ich fahre
du fährst	du fahrest
er fährt	er fahre
wir fahren	wir fahren
ihr fahrt	ihr fahret
sie fahren	sie fahren
IMPERFECT INDICATIVE	**IMPERFECT SUBJUNCTIVE**
ich fuhr	ich führe
du fuhrst	du führest
er fuhr	er führe
wir fuhren	wir führen
ihr fuhrt	ihr führet
sie fuhren	sie führen
FUTURE INDICATIVE	**CONDITIONAL**
ich werde fahren	ich würde fahren
du wirst fahren	du würdest fahren
er wird fahren	er würde fahren
wir werden fahren	wir würden fahren
ihr werdet fahren	ihr würdet fahren
sie werden fahren	sie würden fahren
PERFECT INDICATIVE	**PLUPERFECT SUBJUNCTIVE**
ich bin gefahren*	ich wäre gefahren*
du bist gefahren	du wär(e)st gefahren
er ist gefahren	er wäre gefahren
wir sind gefahren	wir wären gefahren
ihr seid gefahren	ihr wär(e)t gefahren
sie sind gefahren	sie wären gefahren

IMPERATIVE: fahr(e)! fahren wir! fahrt! fahren Sie!
*OR: ich habe/hatte gefahren *etc* (*when transitive*).

31 fallen [strong, *sein*]
to fall

PRESENT PARTICIPLE	PAST PARTICIPLE
fallend	gefallen

PRESENT INDICATIVE	PRESENT SUBJUNCTIVE
ich falle	ich falle
du fällst	du fallest
er fällt	er falle
wir fallen	wir fallen
ihr fallt	ihr fallet
sie fallen	sie fallen
IMPERFECT INDICATIVE	**IMPERFECT SUBJUNCTIVE**
ich fiel	ich fiele
du fielst	du fielest
er fiel	er fiele
wir fielen	wir fielen
ihr fielt	ihr fielet
sie fielen	sie fielen
FUTURE INDICATIVE	**CONDITIONAL**
ich werde fallen	ich würde fallen
du wirst fallen	du würdest fallen
er wird fallen	er würde fallen
wir werden fallen	wir würden fallen
ihr werdet fallen	ihr würdet fallen
sie werden fallen	sie würden fallen
PERFECT INDICATIVE	**PLUPERFECT SUBJUNCTIVE**
ich bin gefallen	ich wäre gefallen
du bist gefallen	du wär(e)st gefallen
er ist gefallen	er wäre gefallen
wir sind gefallen	wir wären gefallen
ihr seid gefallen	ihr wär(e)t gefallen
sie sind gefallen	sie wären gefallen

IMPERATIVE: fall(e)! fallen wir! fallt! fallen Sie!

fangen [strong, *haben*] 32

to catch

PRESENT PARTICIPLE	PAST PARTICIPLE
fangend	gefangen

PRESENT INDICATIVE	PRESENT SUBJUNCTIVE
ich fange	ich fange
du fängst	du fangest
er fängt	er fange
wir fangen	wir fangen
ihr fangt	ihr fanget
sie fangen	sie fangen
IMPERFECT INDICATIVE	**IMPERFECT SUBJUNCTIVE**
ich fing	ich finge
du fingst	du fingest
er fing	er finge
wir fingen	wir fingen
ihr fingt	ihr finget
sie fingen	sie fingen
FUTURE INDICATIVE	**CONDITIONAL**
ich werde fangen	ich würde fangen
du wirst fangen	du würdest fangen
er wird fangen	er würde fangen
wir werden fangen	wir würden fangen
ihr werdet fangen	ihr würdet fangen
sie werden fangen	sie würden fangen
PERFECT INDICATIVE	**PLUPERFECT SUBJUNCTIVE**
ich habe gefangen	ich hätte gefangen
du hast gefangen	du hättest gefangen
er hat gefangen	er hätte gefangen
wir haben gefangen	wir hätten gefangen
ihr habt gefangen	ihr hättet gefangen
sie haben gefangen	sie hätten gefangen

IMPERATIVE: fang(e)! fangen wir! fangt! fangen Sie!

33 fechten [strong, *haben*]
to fence

PRESENT PARTICIPLE	PAST PARTICIPLE
fechtend	gefochten

PRESENT INDICATIVE	PRESENT SUBJUNCTIVE
ich fechte	ich fechte
du fichtst	du fechtest
er ficht	er fechte
wir fechten	wir fechten
ihr fechtet	ihr fechtet
sie fechten	sie fechten
IMPERFECT INDICATIVE	**IMPERFECT SUBJUNCTIVE**
ich focht	ich föchte
du fochtst	du föchtest
er focht	er föchte
wir fochten	wir föchten
ihr fochtet	ihr föchtet
sie fochten	sie föchten
FUTURE INDICATIVE	**CONDITIONAL**
ich werde fechten	ich würde fechten
du wirst fechten	du würdest fechten
er wird fechten	er würde fechten
wir werden fechten	wir würden fechten
ihr werdet fechten	ihr würdet fechten
sie werden fechten	sie würden fechten
PERFECT INDICATIVE	**PLUPERFECT SUBJUNCTIVE**
ich habe gefochten	ich hätte gefochten
du hast gefochten	du hättest gefochten
er hat gefochten	er hätte gefochten
wir haben gefochten	wir hätten gefochten
ihr habt gefochten	ihr hättet gefochten
sie haben gefochten	sie hätten gefochten

IMPERATIVE: ficht! fechten wir! fechtet! fechten Sie!

finden [strong, *haben*] **34**
to find

PRESENT PARTICIPLE	PAST PARTICIPLE
findend	gefunden

PRESENT INDICATIVE	PRESENT SUBJUNCTIVE
ich finde	ich finde
du findest	du findest
er findet	er finde
wir finden	wir finden
ihr findet	ihr findet
sie finden	sie finden
IMPERFECT INDICATIVE	**IMPERFECT SUBJUNCTIVE**
ich fand	ich fände
du fandst	du fändest
er fand	er fände
wir fanden	wir fänden
ihr fandet	ihr fändet
sie fanden	sie fänden
FUTURE INDICATIVE	**CONDITIONAL**
ich werde finden	ich würde finden
du wirst finden	du würdest finden
er wird finden	er würde finden
wir werden finden	wir würden finden
ihr werdet finden	ihr würdet finden
sie werden finden	sie würden finden
PERFECT INDICATIVE	**PLUPERFECT SUBJUNCTIVE**
ich habe gefunden	ich hätte gefunden
du hast gefunden	du hättest gefunden
er hat gefunden	er hätte gefunden
wir haben gefunden	wir hätten gefunden
ihr habt gefunden	ihr hättet gefunden
sie haben gefunden	sie hätten gefunden

IMPERATIVE: find(e)! finden wir! findet! finden Sie!

35 flechten [strong, *haben*]
to twine

PRESENT PARTICIPLE	PAST PARTICIPLE
flechtend	geflochten

PRESENT INDICATIVE	PRESENT SUBJUNCTIVE
ich flechte	ich flechte
du flichtst	du flechtest
er flicht	er flechte
wir flechten	wir flechten
ihr flechtet	ihr flechtet
sie flechten	sie flechten
IMPERFECT INDICATIVE	**IMPERFECT SUBJUNCTIVE**
ich flocht	ich flöchte
du flochtest	du flöchtest
er flocht	er flöchte
wir flochten	wir flöchten
ihr flochtet	ihr flöchtet
sie flochten	sie flöchten
FUTURE INDICATIVE	**CONDITIONAL**
ich werde flechten	ich würde flechten
du wirst flechten	du würdest flechten
er wird flechten	er würde flechten
wir werden flechten	wir würden flechten
ihr werdet flechten	ihr würdet flechten
sie werden flechten	sie würden flechten
PERFECT INDICATIVE	**PLUPERFECT SUBJUNCTIVE**
ich habe geflochten	ich hätte geflochten
du hast geflochten	du hättest geflochten
er hat geflochten	er hätte geflochten
wir haben geflochten	wir hätten geflochten
ihr habt geflochten	ihr hättet geflochten
sie haben geflochten	sie hätten geflochten

IMPERATIVE: flicht! flechten wir! flechtet! flechten Sie!

fliegen [strong, *haben/sein*] 36

to fly (*transitive/intransitive*)

PRESENT PARTICIPLE	PAST PARTICIPLE
fliegend	geflogen

PRESENT INDICATIVE	PRESENT SUBJUNCTIVE
ich fliege	ich fliege
du fliegst	du fliegest
er fliegt	er fliege
wir fliegen	wir fliegen
ihr fliegt	ihr flieget
sie fliegen	sie fliegen
IMPERFECT INDICATIVE	**IMPERFECT SUBJUNCTIVE**
ich flog	ich flöge
du flogst	du flögest
er flog	er flöge
wir flogen	wir flögen
ihr flogt	ihr flöget
sie flogen	sie flögen
FUTURE INDICATIVE	**CONDITIONAL**
ich werde fliegen	ich würde fliegen
du wirst fliegen	du würdest fliegen
er wird fliegen	er würde fliegen
wir werden fliegen	wir würden fliegen
ihr werdet fliegen	ihr würdet fliegen
sie werden fliegen	sie würden fliegen
PERFECT INDICATIVE	**PLUPERFECT SUBJUNCTIVE**
ich habe geflogen*	ich hätte geflogen*
du hast geflogen	du hättest geflogen
er hat geflogen	er hätte geflogen
wir haben geflogen	wir hätten geflogen
ihr habt geflogen	ihr hättet geflogen
sie haben geflogen	sie hätten geflogen

IMPERATIVE: flieg(e)! fliegen wir! fliegt! fliegen Sie!
*OR: ich bin/wäre geflogen *etc* (*when intransitive*).

37 fliehen [strong, *haben/sein*]
to flee (*transitive/intransitive*)

PRESENT PARTICIPLE	PAST PARTICIPLE
fliehend	geflohen

PRESENT INDICATIVE	PRESENT SUBJUNCTIVE
ich fliehe	ich fliehe
du fliehst	du fliehest
er flieht	er fliehe
wir fliehen	wir fliehen
ihr flieht	ihr fliehet
sie fliehen	sie fliehen
IMPERFECT INDICATIVE	**IMPERFECT SUBJUNCTIVE**
ich floh	ich flöhe
du flohst	du flöhest
er floh	er flöhe
wir flohen	wir flöhen
ihr floht	ihr flöhet
sie flohen	sie flöhen
FUTURE INDICATIVE	**CONDITIONAL**
ich werde fliehen	ich würde fliehen
du wirst fliehen	du würdest fliehen
er wird fliehen	er würde fliehen
wir werden fliehen	wir würden fliehen
ihr werdet fliehen	ihr würdet fliehen
sie werden fliehen	sie würden fliehen
PERFECT INDICATIVE	**PLUPERFECT SUBJUNCTIVE**
ich bin geflohen*	ich wäre geflohen*
du bist geflohen	du wär(e)st geflohen
er ist geflohen	er wäre geflohen
wir sind geflohen	wir wären geflohen
ihr seid geflohen	ihr wär(e)t geflohen
sie sind geflohen	sie wären geflohen

IMPERATIVE: flieh(e)! fliehen wir! flieht! fliehen Sie!
*OR: ich habe/hätte geflohen *etc* (*when transitive*).

fließen [strong, *sein*]
to flow

PRESENT PARTICIPLE	PAST PARTICIPLE
fließend	geflossen

PRESENT INDICATIVE	PRESENT SUBJUNCTIVE
ich fließe	ich fließe
du fließt	du fließest
er fließt	er fließe
wir fließen	wir fließen
ihr fließt	ihr fließet
sie fließen	sie fließen
IMPERFECT INDICATIVE	**IMPERFECT SUBJUNCTIVE**
ich floß	ich flösse
du flossest	du flössest
er floß	er flösse
wir flossen	wir flössen
ihr floßt	ihr flösset
sie flossen	sie flössen
FUTURE INDICATIVE	**CONDITIONAL**
ich werde fließen	ich würde fließen
du wirst fließen	du würdest fließen
er wird fließen	er würde fließen
wir werden fließen	wir würden fließen
ihr werdet fließen	ihr würdet fließen
sie werden fließen	sie würden fließen
PERFECT INDICATIVE	**PLUPERFECT SUBJUNCTIVE**
ich bin geflossen	ich wäre geflossen
du bist geflossen	du wär(e)st geflossen
er ist geflossen	er wäre geflossen
wir sind geflossen	wir wären geflossen
ihr seid geflossen	ihr wär(e)t geflossen
sie sind geflossen	sie wären geflossen

IMPERATIVE: fließ(e)! fließen wir! fließt! fließen Sie!

39 fressen [strong, *haben*]

to eat

PRESENT PARTICIPLE	PAST PARTICIPLE
fressend	gefressen

PRESENT INDICATIVE	PRESENT SUBJUNCTIVE
ich fresse	ich fresse
du frißt	du fressest
er frißt	er fresse
wir fressen	wir fressen
ihr freßt	ihr fresset
sie fressen	sie fressen
IMPERFECT INDICATIVE	**IMPERFECT SUBJUNCTIVE**
ich fraß	ich fräße
du fraßest	du fräßest
er fraß	er fräße
wir fraßen	wir fräßen
ihr fraßt	ihr fräßet
sie fraßen	sie fräßen
FUTURE INDICATIVE	**CONDITIONAL**
ich werde fressen	ich würde fressen
du wirst fressen	du würdest fressen
er wird fressen	er würde fressen
wir werden fressen	wir würden fressen
ihr werdet fressen	ihr würdet fressen
sie werden fressen	sie würden fressen
PERFECT INDICATIVE	**PLUPERFECT SUBJUNCTIVE**
ich habe gefressen	ich hätte gefressen
du hast gefressen	du hättest gefressen
er hat gefressen	er hätte gefressen
wir haben gefressen	wir hätten gefressen
ihr habt gefressen	ihr hättet gefressen
sie haben gefressen	sie hätten gefressen

IMPERATIVE: friß! fressen wir! freßt! fressen Sie!

sich freuen [weak, *haben*] **40**
to be pleased

PRESENT PARTICIPLE	PAST PARTICIPLE
freuend	gefreut

PRESENT INDICATIVE	PRESENT SUBJUNCTIVE
ich freue mich	ich freue mich
du freust dich	du freuest dich
er freut sich	er freue sich
wir freuen uns	wir freuen uns
ihr freut euch	ihr freuet euch
sie freuen sich	sie freuen sich
IMPERFECT INDICATIVE	**IMPERFECT SUBJUNCTIVE**
ich freute mich	ich freute mich
du freutest dich	du freutest dich
er freute sich	er freute sich
wir freuten uns	wir freuten uns
ihr freutet euch	ihr freutet euch
sie freuten sich	sie freuten sich
FUTURE INDICATIVE	**CONDITIONAL**
ich werde mich freuen	ich würde mich freuen
du wirst dich freuen	du würdest dich freuen
er wird sich freuen	er würde sich freuen
wir werden uns freuen	wir würden uns freuen
ihr werdet euch freuen	ihr würdet euch freuen
sie werden sich freuen	sie würden sich freuen
PERFECT INDICATIVE	**PLUPERFECT SUBJUNCTIVE**
ich habe mich gefreut	ich hätte mich gefreut
du hast dich gefreut	du hättest dich gefreut
er hat sich gefreut	er hätte sich gefreut
wir haben uns gefreut	wir hätten uns gefreut
ihr habt euch gefreut	ihr hättet euch gefreut
sie haben sich gefreut	sie hätten sich gefreut

IMPERATIVE: freue dich! freuen wir uns! freut euch! freuen Sie sich!

41 frieren [strong, *haben/sein*]
to freeze (*transitive/intransitive*)

PRESENT PARTICIPLE	PAST PARTICIPLE
frierend	gefroren

PRESENT INDICATIVE	PRESENT SUBJUNCTIVE
ich friere	ich friere
du frierst	du frierest
er friert	er friere
wir frieren	wir frieren
ihr friert	ihr frieret
sie frieren	sie frieren
IMPERFECT INDICATIVE	**IMPERFECT SUBJUNCTIVE**
ich fror	ich fröre
du frorst	du frörest
er fror	er fröre
wir froren	wir frören
ihr frort	ihr fröret
sie froren	sie frören
FUTURE INDICATIVE	**CONDITIONAL**
ich werde frieren	ich würde frieren
du wirst frieren	du würdest frieren
er wird frieren	er würde frieren
wir werden frieren	wir würden frieren
ihr werdet frieren	ihr würdet frieren
sie werden frieren	sie würden frieren
PERFECT INDICATIVE	**PLUPERFECT SUBJUNCTIVE**
ich habe gefroren*	ich hätte gefroren*
du hast gefroren	du hättest gefroren
er hat gefroren	er hätte gefroren
wir haben gefroren	wir hätten gefroren
ihr habt gefroren	ihr hättet gefroren
sie haben gefroren	sie hätten gefroren

IMPERATIVE: frier(e)! frieren wir! friert! frieren Sie!
*OR: ich bin/wäre gefroren *etc when the meaning is "to freeze over".*

gebären [strong, *haben*] **42**
to give birth

PRESENT PARTICIPLE	PAST PARTICIPLE
gebärend	geboren

PRESENT INDICATIVE	PRESENT SUBJUNCTIVE
ich gebäre	ich gebäre
du gebierst	du gebärest
er gebiert	er gebäre
wir gebären	wir gebären
ihr gebärt	ihr gebäret
sie gebären	sie gebären
IMPERFECT INDICATIVE	**IMPERFECT SUBJUNCTIVE**
ich gebar	ich gebäre
du gebarst	du gebärest
er gebar	er gebäre
wir gebaren	wir gebären
ihr gebart	ihr gebäret
sie gebaren	sie gebären
FUTURE INDICATIVE	**CONDITIONAL**
ich werde gebären	ich würde gebären
du wirst gebären	du würdest gebären
er wird gebären	er würde gebären
wir werden gebären	wir würden gebären
ihr werdet gebären	ihr würdet gebären
sie werden gebären	sie würden gebären
PERFECT INDICATIVE	**PLUPERFECT SUBJUNCTIVE**
ich habe geboren	ich hätte geboren
du hast geboren	du hättest geboren
er hat geboren	er hätte geboren
wir haben geboren	wir hätten geboren
ihr habt geboren	ihr hättet geboren
sie haben geboren	sie hätten geboren

IMPERATIVE: gebier! gebären wir! gebärt! gebären Sie!

43 geben [strong, *haben*]
to give

PRESENT PARTICIPLE	PAST PARTICIPLE
gebend	gegeben

PRESENT INDICATIVE	PRESENT SUBJUNCTIVE
ich gebe	ich gebe
du gibst	du gebest
er gibt	er gebe
wir geben	wir geben
ihr gebt	ihr gebet
sie geben	sie geben
IMPERFECT INDICATIVE	**IMPERFECT SUBJUNCTIVE**
ich gab	ich gäbe
du gabst	du gäbest
er gab	er gäbe
wir gaben	wir gäben
ihr gabt	ihr gäbet
sie gaben	sie gäben
FUTURE INDICATIVE	**CONDITIONAL**
ich werde geben	ich würde geben
du wirst geben	du würdest geben
er wird geben	er würde geben
wir werden geben	wir würden geben
ihr werdet geben	ihr würdet geben
sie werden geben	sie würden geben
PERFECT INDICATIVE	**PLUPERFECT SUBJUNCTIVE**
ich habe gegeben	ich hätte gegeben
du hast gegeben	du hättest gegeben
er hat gegeben	er hätte gegeben
wir haben gegeben	wir hätten gegeben
ihr habt gegeben	ihr hättet gegeben
sie haben gegeben	sie hätten gegeben

IMPERATIVE: gib! geben wir! gebt! geben Sie!

gedeihen [strong, inseparable, *sein*] **44**
to thrive

PRESENT PARTICIPLE	PAST PARTICIPLE
gedeihend	gediehen

PRESENT INDICATIVE	PRESENT SUBJUNCTIVE
ich gedeihe	ich gedeihe
du gedeihst	du gedeihest
er gedeiht	er gedeihe
wir gedeihen	wir gedeihen
ihr gedeiht	ihr gedeiht
sie gedeihen	sie gedeihen
IMPERFECT INDICATIVE	**IMPERFECT SUBJUNCTIVE**
ich gedieh	ich gediehe
du gediehst	du gediehest
er gedieh	er gediehe
wir gediehen	wir gediehen
ihr gedieht	ihr gediehet
sie gediehen	sie gediehen
FUTURE INDICATIVE	**CONDITIONAL**
ich werde gedeihen	ich würde gedeihen
du wirst gedeihen	du würdest gedeihen
er wird gedeihen	er würde gedeihen
wir werden gedeihen	wir würden gedeihen
ihr werdet gedeihen	ihr würdet gedeihen
sie werden gedeihen	sie würden gedeihen
PERFECT INDICATIVE	**PLUPERFECT SUBJUNCTIVE**
ich bin gediehen	ich wäre gediehen
du bist gediehen	du wär(e)st gediehen
er ist gediehen	er wäre gediehen
wir sind gediehen	wir wären gediehen
ihr seid gediehen	ihr wär(e)t gediehen
sie sind gediehen	sie wären gediehen

IMPERATIVE: gedeih(e)! gedeihen wir! gedeiht! gedeihen Sie!

45 gehen [strong, *sein*]
to go

PRESENT PARTICIPLE	PAST PARTICIPLE
gehend	gegangen

PRESENT INDICATIVE	PRESENT SUBJUNCTIVE
ich gehe	ich gehe
du gehst	du gehest
er geht	er gehe
wir gehen	wir gehen
ihr geht	ihr gehet
sie gehen	sie gehen
IMPERFECT INDICATIVE	**IMPERFECT SUBJUNCTIVE**
ich ging	ich ginge
du gingst	du gingest
er ging	er ginge
wir gingen	wir gingen
ihr gingt	ihr ginget
sie gingen	sie gingen
FUTURE INDICATIVE	**CONDITIONAL**
ich werde gehen	ich würde gehen
du wirst gehen	du würdest gehen
er wird gehen	er würde gehen
wir werden gehen	wir würden gehen
ihr werdet gehen	ihr würdet gehen
sie werden gehen	sie würden gehen
PERFECT INDICATIVE	**PLUPERFECT SUBJUNCTIVE**
ich bin gegangen	ich wäre gegangen
du bist gegangen	du wär(e)st gegangen
er ist gegangen	er wäre gegangen
wir sind gegangen	wir wären gegangen
ihr seid gegangen	ihr wär(e)t gegangen
sie sind gegangen	sie wären gegangen

IMPERATIVE: geh(e)! gehen wir! geht! gehen Sie!

gelingen [strong, impersonal, *sein*] **46**
to succeed

PRESENT PARTICIPLE	PAST PARTICIPLE
gelingend	gelungen

PRESENT INDICATIVE es gelingt	PRESENT SUBJUNCTIVE es gelinge
IMPERFECT INDICATIVE es gelang	IMPERFECT SUBJUNCTIVE es gelänge
FUTURE INDICATIVE es wird gelingen	CONDITIONAL es würde gelingen
PERFECT INDICATIVE es ist gelungen	PLUPERFECT SUBJUNCTIVE es wäre gelungen

This verb is used only in the third person singular.

47 gelten [strong, *haben*]

to be valid; to be considered

PRESENT PARTICIPLE	PAST PARTICIPLE
geltend	gegolten

PRESENT INDICATIVE	PRESENT SUBJUNCTIVE
ich gelte	ich gelte
du giltst	du geltest
er gilt	er gelte
wir gelten	wir gelten
ihr geltet	ihr geltet
sie gelten	sie gelten

IMPERFECT INDICATIVE	IMPERFECT SUBJUNCTIVE
ich galt	ich gälte
du galtst	du gältest
er galt	er gälte
wir galten	wir gälten
ihr galtet	ihr gältet
sie galten	sie gälten

FUTURE INDICATIVE	CONDITIONAL
ich werde gelten	ich würde gelten
du wirst gelten	du würdest gelten
er wird gelten	er würde gelten
wir werden gelten	wir würden gelten
ihr werdet gelten	ihr würdet gelten
sie werden gelten	sie würden gelten

PERFECT INDICATIVE	PLUPERFECT SUBJUNCTIVE
ich habe gegolten	ich hätte gegolten
du hast gegolten	du hättest gegolten
er hat gegolten	er hätte gegolten
wir haben gegolten	wir hätten gegolten
ihr habt gegolten	ihr hättet gegolten
sie haben gegolten	sie hätten gegolten

IMPERATIVE: gilt! gelten wir! geltet! gelten Sie!

genesen [strong, inseparable, *sein*] 48

to recover

PRESENT PARTICIPLE	PAST PARTICIPLE
genesend	genesen

PRESENT INDICATIVE	PRESENT SUBJUNCTIVE
ich genese	ich genese
du genest	du genesest
er genest	er genese
wir genesen	wir genesen
ihr genest	ihr geneset
sie genesen	sie genesen
IMPERFECT INDICATIVE	**IMPERFECT SUBJUNCTIVE**
ich genas	ich genäse
du genasest	du genäsest
er genas	er genäse
wir genasen	wir genäsen
ihr genast	ihr genäset
sie genasen	sie genäsen
FUTURE INDICATIVE	**CONDITIONAL**
ich werde genesen	ich würde genesen
du wirst genesen	du würdest genesen
er wird genesen	er würde genesen
wir werden genesen	wir würden genesen
ihr werdet genesen	ihr würdet genesen
sie werden genesen	sie würden genesen
PERFECT INDICATIVE	**PLUPERFECT SUBJUNCTIVE**
ich bin genesen	ich wäre genesen
du bist genesen	du wär(e)st genesen
er ist genesen	er wäre genesen
wir sind genesen	wir wären genesen
ihr seid genesen	ihr wär(e)t genesen
sie sind genesen	sie wären genesen

IMPERATIVE: genese! genesen wir! genest! genesen Sie!

49 genießen [strong, inseparable, *haben*]
to enjoy

PRESENT PARTICIPLE	PAST PARTICIPLE
genießend	genossen

PRESENT INDICATIVE	PRESENT SUBJUNCTIVE
ich genieße	ich genieße
du genießt	du genießest
er genießt	er genieße
wir genießen	wir genießen
ihr genießt	ihr genießet
sie genießen	sie genießen
IMPERFECT INDICATIVE	**IMPERFECT SUBJUNCTIVE**
ich genoß	ich genösse
du genossest	du genössest
er genoß	er genösse
wir genossen	wir genössen
ihr genoßt	ihr genösset
sie genossen	sie genössen
FUTURE INDICATIVE	**CONDITIONAL**
ich werde genießen	ich würde genießen
du wirst genießen	du würdest genießen
er wird genießen	er würde genießen
wir werden genießen	wir würden genießen
ihr werdet genießen	ihr würdet genießen
sie werden genießen	sie würden genießen
PERFECT INDICATIVE	**PLUPERFECT SUBJUNCTIVE**
ich habe genossen	ich hätte genossen
du hast genossen	du hättest genossen
er hat genossen	er hätte genossen
wir haben genossen	wir hätten genossen
ihr habt genossen	ihr hättet genossen
sie haben genossen	sie hätten genossen

IMPERATIVE: genieß(e)! genießen wir! genießt! genießen Sie!

geraten [strong, inseparable, *sein*] **50**

to turn out (*well etc*); to get (*into an emotional state, danger etc*)

PRESENT PARTICIPLE	PAST PARTICIPLE
geratend	geraten

PRESENT INDICATIVE	PRESENT SUBJUNCTIVE
ich gerate	ich gerate
du gerätst	du geratest
er gerät	er gerate
wir geraten	wir geraten
ihr geratet	ihr geratet
sie geraten	sie geraten

IMPERFECT INDICATIVE	IMPERFECT SUBJUNCTIVE
ich geriet	ich geriete
du gerietst	du gerietest
er geriet	er geriete
wir gerieten	wir gerieten
ihr gerietet	ihr gerietet
sie gerieten	sie gerieten

FUTURE INDICATIVE	CONDITIONAL
ich werde geraten	ich würde geraten
du wirst geraten	du würdest geraten
er wird geraten	er würde geraten
wir werden geraten	wir würden geraten
ihr werdet geraten	ihr würdet geraten
sie werden geraten	sie würden geraten

PERFECT INDICATIVE	PLUPERFECT SUBJUNCTIVE
ich bin geraten	ich wäre geraten
du bist geraten	du wär(e)st geraten
er ist geraten	er wäre geraten
wir sind geraten	wir wären geraten
ihr seid geraten	ihr wär(e)t geraten
sie sind geraten	sie wären geraten

IMPERATIVE: gerat(e)! geraten wir! geratet! geraten Sie!

51 geschehen [strong, inseparable, *sein*]
to happen

PRESENT PARTICIPLE	PAST PARTICIPLE
geschehend	geschehen

PRESENT INDICATIVE es geschieht	PRESENT SUBJUNCTIVE es geschehe
IMPERFECT INDICATIVE es geschah	IMPERFECT SUBJUNCTIVE es geschähe
FUTURE INDICATIVE es wird geschehen	CONDITIONAL es würde geschehen
PERFECT INDICATIVE es ist geschehen	PLUPERFECT SUBJUNCTIVE es wäre geschehen

This verb is used only in the third person singular.

gewinnen [strong, inseparable, *haben*] 52
to win

PRESENT PARTICIPLE	PAST PARTICIPLE
gewinnend	gewonnen

PRESENT INDICATIVE	PRESENT SUBJUNCTIVE
ich gewinne	ich gewinne
du gewinnst	du gewinnest
er gewinnt	er gewinne
wir gewinnen	wir gewinnen
ihr gewinnt	ihr gewinnet
sie gewinnen	sie gewinnen
IMPERFECT INDICATIVE	**IMPERFECT SUBJUNCTIVE**
ich gewann	ich gewönne
du gewannst	du gewönnest
er gewann	er gewönne
wir gewannen	wir gewönnen
ihr gewannt	ihr gewönnet
sie gewannen	sie gewönnen
FUTURE INDICATIVE	**CONDITIONAL**
ich werde gewinnen	ich würde gewinnen
du wirst gewinnen	du würdest gewinnen
er wird gewinnen	er würde gewinnen
wir werden gewinnen	wir würden gewinnen
ihr werdet gewinnen	ihr würdet gewinnen
sie werden gewinnen	sie würden gewinnen
PERFECT INDICATIVE	**PLUPERFECT SUBJUNCTIVE**
ich habe gewonnen	ich hätte gewonnen
du hast gewonnen	du hättest gewonnen
er hat gewonnen	er hätte gewonnen
wir haben gewonnen	wir hätten gewonnen
ihr habt gewonnen	ihr hättet gewonnen
sie haben gewonnen	sie hätten gewonnen

IMPERATIVE: gewinn(e)! gewinnen wir! gewinnt! gewinnen Sie!

53 **gießen** [strong, *haben*]
to pour

PRESENT PARTICIPLE	PAST PARTICIPLE
gießend	gegossen

PRESENT INDICATIVE	PRESENT SUBJUNCTIVE
ich gieße	ich gieße
du gießt	du gießest
er gießt	er gieße
wir gießen	wir gießen
ihr gießt	ihr gießet
sie gießen	sie gießen
IMPERFECT INDICATIVE	**IMPERFECT SUBJUNCTIVE**
ich goß	ich gösse
du gossest	du gössest
er goß	er gösse
wir gossen	wir gössen
ihr goßt	ihr gösset
sie gossen	sie gössen
FUTURE INDICATIVE	**CONDITIONAL**
ich werde gießen	ich würde gießen
du wirst gießen	du würdest gießen
er wird gießen	er würde gießen
wir werden gießen	wir würden gießen
ihr werdet gießen	ihr würdet gießen
sie werden gießen	sie würden gießen
PERFECT INDICATIVE	**PLUPERFECT SUBJUNCTIVE**
ich habe gegossen	ich hätte gegossen
du hast gegossen	du hättest gegossen
er hat gegossen	er hätte gegossen
wir haben gegossen	wir hätten gegossen
ihr habt gegossen	ihr hättet gegossen
sie haben gegossen	sie hätten gegossen

IMPERATIVE: gieß(e)! gießen wir! gießt! gießen Sie!

gleichen [strong, *haben*] **54**

to resemble; to equal

PRESENT PARTICIPLE	PAST PARTICIPLE
gleichend	geglichen

PRESENT INDICATIVE	PRESENT SUBJUNCTIVE
ich gleiche	ich gleiche
du gleichst	du gleichest
er gleicht	er gleiche
wir gleichen	wir gleichen
ihr gleicht	ihr gleichet
sie gleichen	sie gleichen
IMPERFECT INDICATIVE	**IMPERFECT SUBJUNCTIVE**
ich glich	ich gliche
du glichst	du glichest
er glich	er gliche
wir glichen	wir glichen
ihr glicht	ihr glichet
sie glichen	sie glichen
FUTURE INDICATIVE	**CONDITIONAL**
ich werde gleichen	ich würde gleichen
du wirst gleichen	du würdest gleichen
er wird gleichen	er würde gleichen
wir werden gleichen	wir würden gleichen
ihr werdet gleichen	ihr würdet gleichen
sie werden gleichen	sie würden gleichen
PERFECT INDICATIVE	**PLUPERFECT SUBJUNCTIVE**
ich habe geglichen	ich hätte geglichen
du hast geglichen	du hättest geglichen
er hat geglichen	er hätte geglichen
wir haben geglichen	wir hätten geglichen
ihr habt geglichen	ihr hättet geglichen
sie haben geglichen	sie hätten geglichen

IMPERATIVE: gleich(e)! gleichen wir! gleicht! gleichen Sie!

55 gleiten [strong, *sein*]

to glide, slide

PRESENT PARTICIPLE	PAST PARTICIPLE
gleitend	geglitten

PRESENT INDICATIVE	**PRESENT SUBJUNCTIVE**
ich gleite	ich gleite
du gleitest	du gleitest
er gleitet	er gleite
wir gleiten	wir gleiten
ihr gleitet	ihr gleitet
sie gleiten	sie gleiten
IMPERFECT INDICATIVE	**IMPERFECT SUBJUNCTIVE**
ich glitt	ich glitte
du glittst	du glittest
er glitt	er glitte
wir glitten	wir glitten
ihr glittet	ihr glittet
sie glitten	sie glitten
FUTURE INDICATIVE	**CONDITIONAL**
ich werde gleiten	ich würde gleiten
du wirst gleiten	du würdest gleiten
er wird gleiten	er würde gleiten
wir werden gleiten	wir würden gleiten
ihr werdet gleiten	ihr würdet gleiten
sie werden gleiten	sie würden gleiten
PERFECT INDICATIVE	**PLUPERFECT SUBJUNCTIVE**
ich bin geglitten	ich wäre geglitten
du bist geglitten	du wär(e)st geglitten
er ist geglitten	er wäre geglitten
wir sind geglitten	wir wären geglitten
ihr seid geglitten	ihr wär(e)t geglitten
sie sind geglitten	sie wären geglitten

IMPERATIVE: gleit(e)! gleiten wir! gleitet! gleiten Sie!

haben [strong, *haben*]
to have

PRESENT PARTICIPLE	PAST PARTICIPLE
habend	gehabt

PRESENT INDICATIVE	PRESENT SUBJUNCTIVE
ich habe	ich habe
du hast	du habest
er hat	er habe
wir haben	wir haben
ihr habt	ihr habet
sie haben	sie haben
IMPERFECT INDICATIVE	**IMPERFECT SUBJUNCTIVE**
ich hatte	ich hätte
du hattest	du hättest
er hatte	er hätte
wir hatten	wir hätten
ihr hattet	ihr hättet
sie hatten	sie hätten
FUTURE INDICATIVE	**CONDITIONAL**
ich werde haben	ich würde haben
du wirst haben	du würdest haben
er wird haben	er würde haben
wir werden haben	wir würden haben
ihr werdet haben	ihr würdet haben
sie werden haben	sie würden haben
PERFECT INDICATIVE	**PLUPERFECT SUBJUNCTIVE**
ich habe gehabt	ich hätte gehabt
du hast gehabt	du hättest gehabt
er hat gehabt	er hätte gehabt
wir haben gehabt	wir hätten gehabt
ihr habt gehabt	ihr hättet gehabt
sie haben gehabt	sie hätten gehabt

IMPERATIVE: hab(e)! haben wir! habt! haben Sie!

61 halten [strong, *haben*]
to hold

PRESENT PARTICIPLE	PAST PARTICIPLE
haltend	gehalten

PRESENT INDICATIVE	**PRESENT SUBJUNCTIVE**
ich halte	ich halte
du hältst	du haltest
er hält	er halte
wir halten	wir halten
ihr haltet	ihr haltet
sie halten	sie halten
IMPERFECT INDICATIVE	**IMPERFECT SUBJUNCTIVE**
ich hielt	ich hielte
du hieltst	du hieltest
er hielt	er hielte
wir hielten	wir hielten
ihr hieltet	ihr hieltet
sie hielten	sie hielten
FUTURE INDICATIVE	**CONDITIONAL**
ich werde halten	ich würde halten
du wirst halten	du würdest halten
er wird halten	er würde halten
wir werden halten	wir würden halten
ihr werdet halten	ihr würdet halten
sie werden halten	sie würden halten
PERFECT INDICATIVE	**PLUPERFECT SUBJUNCTIVE**
ich habe gehalten	ich hätte gehalten
du hast gehalten	du hättest gehalten
er hat gehalten	er hätte gehalten
wir haben gehalten	wir hätten gehalten
ihr habt gehalten	ihr hättet gehalten
sie haben gehalten	sie hätten gehalten

IMPERATIVE: halt(e)! halten wir! haltet! halten Sie!

handeln [weak, *haben*]

to trade; to act

PRESENT PARTICIPLE	PAST PARTICIPLE
handelnd	gehandelt

PRESENT INDICATIVE	PRESENT SUBJUNCTIVE
ich handle	ich handle
du handelst	du handlest
er handelt	er handle
wir handeln	wir handlen
ihr handelt	ihr handlet
sie handeln	sie handlen
IMPERFECT INDICATIVE	**IMPERFECT SUBJUNCTIVE**
ich handelte	ich handelte
du handeltest	du handeltest
er handelte	er handelte
wir handelten	wir handelten
ihr handeltet	ihr handeltet
sie handelten	sie handelten
FUTURE INDICATIVE	**CONDITIONAL**
ich werde handeln	ich würde handeln
du wirst handeln	du würdest handeln
er wird handeln	er würde handeln
wir werden handeln	wir würden handeln
ihr werdet handeln	ihr würdet handeln
sie werden handeln	sie würden handeln
PERFECT INDICATIVE	**PLUPERFECT SUBJUNCTIVE**
ich habe gehandelt	ich hätte gehandelt
du hast gehandelt	du hättest gehandelt
er hat gehandelt	er hätte gehandelt
wir haben gehandelt	wir hätten gehandelt
ihr habt gehandelt	ihr hättet gehandelt
sie haben gehandelt	sie hätten gehandelt

IMPERATIVE: **handle! handeln wir! handelt! handeln Sie!**

63 **hängen*** [strong, *haben*]
to hang

PRESENT PARTICIPLE	PAST PARTICIPLE
hängend	gehangen

PRESENT INDICATIVE	PRESENT SUBJUNCTIVE
ich hänge	ich hänge
du hängst	du hängest
er hängt	er hänge
wir hängen	wir hängen
ihr hängt	ihr hänget
sie hängen	sie hängen
IMPERFECT INDICATIVE	**IMPERFECT SUBJUNCTIVE**
ich hing	ich hinge
du hingst	du hingest
er hing	er hinge
wir hingen	wir hingen
ihr hingt	ihr hinget
sie hingen	sie hingen
FUTURE INDICATIVE	**CONDITIONAL**
ich werde hängen	ich würde hängen
du wirst hängen	du würdest hängen
er wird hängen	er würde hängen
wir werden hängen	wir würden hängen
ihr werdet hängen	ihr würdet hängen
sie werden hängen	sie würden hängen
PERFECT INDICATIVE	**PLUPERFECT SUBJUNCTIVE**
ich habe gehangen	ich hätte gehangen
du hast gehangen	du hättest gehangen
er hat gehangen	er hätte gehangen
wir haben gehangen	wir hätten gehangen
ihr habt gehangen	ihr hättet gehangen
sie haben gehangen	sie hätten gehangen

IMPERATIVE: häng(e)! hängen wir! hängt! hängen Sie!

**Conjugated as a weak verb when transitive.*

hauen* [strong, *haben*]
to hew

PRESENT PARTICIPLE	PAST PARTICIPLE
hauend	gehauen

PRESENT INDICATIVE	PRESENT SUBJUNCTIVE
ich haue	ich haue
du haust	du hauest
er haut	er haue
wir hauen	wir hauen
ihr haut	ihr hauet
sie hauen	sie hauen
IMPERFECT INDICATIVE	**IMPERFECT SUBJUNCTIVE**
ich hieb	ich hiebe
du hiebst	du hiebest
er hieb	er hiebe
wir hieben	wir hieben
ihr hiebt	ihr hiebet
sie hieben	sie hieben
FUTURE INDICATIVE	**CONDITIONAL**
ich werde hauen	ich würde hauen
du wirst hauen	du würdest hauen
er wird hauen	er würde hauen
wir werden hauen	wir würden hauen
ihr werdet hauen	ihr würdet hauen
sie werden hauen	sie würden hauen
PERFECT INDICATIVE	**PLUPERFECT SUBJUNCTIVE**
ich habe gehauen	ich hätte gehauen
du hast gehauen	du hättest gehauen
er hat gehauen	er hätte gehauen
wir haben gehauen	wir hätten gehauen
ihr habt gehauen	ihr hättet gehauen
sie haben gehauen	sie hätten gehauen

IMPERATIVE: hau(e)! hauen wir! haut! hauen Sie!
**Can also be conjugated as a weak verb, see pp.5ff.*

65 heben [strong, *haben*]
to lift

PRESENT PARTICIPLE	PAST PARTICIPLE
hebend	gehoben

PRESENT INDICATIVE	PRESENT SUBJUNCTIVE
ich hebe	ich hebe
du hebst	du hebest
er hebt	er hebe
wir heben	wir heben
ihr hebt	ihr hebet
sie heben	sie heben
IMPERFECT INDICATIVE	**IMPERFECT SUBJUNCTIVE**
ich hob	ich höbe
du hobst	du höbest
er hob	er höbe
wir hoben	wir höben
ihr hobt	ihr höbet
sie hoben	sie höben
FUTURE INDICATIVE	**CONDITIONAL**
ich werde heben	ich würde heben
du wirst heben	du würdest heben
er wird heben	er würde heben
wir werden heben	wir würden heben
ihr werdet heben	ihr würdet heben
sie werden heben	sie würden heben
PERFECT INDICATIVE	**PLUPERFECT SUBJUNCTIVE**
ich habe gehoben	ich hätte gehoben
du hast gehoben	du hättest gehoben
er hat gehoben	er hätte gehoben
wir haben gehoben	wir hätten gehoben
ihr habt gehoben	ihr hättet gehoben
sie haben gehoben	sie hätten gehoben

IMPERATIVE: heb(e)! heben wir! hebt! heben Sie!

heißen [strong, *haben*] **66**
to be called

PRESENT PARTICIPLE	PAST PARTICIPLE
heißend	geheißen

PRESENT INDICATIVE	PRESENT SUBJUNCTIVE
ich heiße	ich heiße
du heißt	du heißest
er heißt	er heiße
wir heißen	wir heißen
ihr heißt	ihr heißet
sie heißen	sie heißen
IMPERFECT INDICATIVE	**IMPERFECT SUBJUNCTIVE**
ich hieß	ich hieße
du hießest	du hießest
er hieß	er hieße
wir hießen	wir hießen
ihr hießt	ihr hießet
sie hießen	sie hießen
FUTURE INDICATIVE	**CONDITIONAL**
ich werde heißen	ich würde heißen
du wirst heißen	du würdest heißen
er wird heißen	er würde heißen
wir werden heißen	wir würden heißen
ihr werdet heißen	ihr würdet heißen
sie werden heißen	sie würden heißen
PERFECT INDICATIVE	**PLUPERFECT SUBJUNCTIVE**
ich habe geheißen	ich hätte geheißen
du hast geheißen	du hättest geheißen
er hat geheißen	er hätte geheißen
wir haben geheißen	wir hätten geheißen
ihr habt geheißen	ihr hättet geheißen
sie haben geheißen	sie hätten geheißen

IMPERATIVE: heiß(e)! heißen wir! heißt! heißen Sie!

67 heizen [weak, *haben*]
to heat

PRESENT PARTICIPLE	PAST PARTICIPLE
heizend	geheizt

PRESENT INDICATIVE	PRESENT SUBJUNCTIVE
ich heize	ich heize
du heizt	du heizest
er heizt	er heize
wir heizen	wir heizen
ihr heizt	ihr heizet
sie heizen	sie heizen
IMPERFECT INDICATIVE	**IMPERFECT SUBJUNCTIVE**
ich heizte	ich heizte
du heiztest	du heiztest
er heizte	er heizte
wir heizten	wir heizten
ihr heiztet	ihr heiztet
sie heizten	sie heizten
FUTURE INDICATIVE	**CONDITIONAL**
ich werde heizen	ich würde heizen
du wirst heizen	du würdest heizen
er wird heizen	er würde heizen
wir werden heizen	wir würden heizen
ihr werdet heizen	ihr würdet heizen
sie werden heizen	sie würden heizen
PERFECT INDICATIVE	**PLUPERFECT SUBJUNCTIVE**
ich habe geheizt	ich hätte geheizt
du hast geheizt	du hättest geheizt
er hat geheizt	er hätte geheizt
wir haben geheizt	wir hätten geheizt
ihr habt geheizt	ihr hättet geheizt
sie haben geheizt	sie hätten geheizt

IMPERATIVE: heiz(e)! heizen wir! heizt! heizen Sie!

helfen [strong, + dative, *haben*] 68
to help

PRESENT PARTICIPLE	PAST PARTICIPLE
helfend	geholfen

PRESENT INDICATIVE	PRESENT SUBJUNCTIVE
ich helfe	ich helfe
du hilfst	du helfest
er hilft	er helfe
wir helfen	wir helfen
ihr helft	ihr helfet
sie helfen	sie helfen
IMPERFECT INDICATIVE	**IMPERFECT SUBJUNCTIVE**
ich half	ich hülfe
du halfst	du hülfest
er half	er hülfe
wir halfen	wir hülfen
ihr halft	ihr hülfet
sie halfen	sie hülfen
FUTURE INDICATIVE	**CONDITIONAL**
ich werde helfen	ich würde helfen
du wirst helfen	du würdest helfen
er wird helfen	er würde helfen
wir werden helfen	wir würden helfen
ihr werdet helfen	ihr würdet helfen
sie werden helfen	sie würden helfen
PERFECT INDICATIVE	**PLUPERFECT SUBJUNCTIVE**
ich habe geholfen	ich hätte geholfen
du hast geholfen	du hättest geholfen
er hat geholfen	er hätte geholfen
wir haben geholfen	wir hätten geholfen
ihr habt geholfen	ihr hättet geholfen
sie haben geholfen	sie hätten geholfen

IMPERATIVE: hilf! helfen wir! helft! helfen Sie!

69 holen [weak, *haben*]
to fetch

PRESENT PARTICIPLE	PAST PARTICIPLE
holend	geholt

PRESENT INDICATIVE	PRESENT SUBJUNCTIVE
ich hole	ich hole
du holst	du holest
er holt	er hole
wir holen	wir holen
ihr holt	ihr holet
sie holen	sie holen
IMPERFECT INDICATIVE	**IMPERFECT SUBJUNCTIVE**
ich holte	ich holte
du holtest	du holtest
er holte	er holte
wir holten	wir holten
ihr holtet	ihr holtet
sie holten	sie holten
FUTURE INDICATIVE	**CONDITIONAL**
ich werde holen	ich würde holen
du wirst holen	du würdest holen
er wird holen	er würde holen
wir werden holen	wir würden holen
ihr werdet holen	ihr würdet holen
sie werden holen	sie würden holen
PERFECT INDICATIVE	**PLUPERFECT SUBJUNCTIVE**
ich habe geholt	ich hätte geholt
du hast geholt	du hättest geholt
er hat geholt	er hätte geholt
wir haben geholt	wir hätten geholt
ihr habt geholt	ihr hättet geholt
sie haben geholt	sie hätten geholt

IMPERATIVE: **hol(e)! holen wir! holt! holen Sie!**

kennen [mixed, *haben*] **70**
to know (*be acquainted with*)

PRESENT PARTICIPLE	PAST PARTICIPLE
kennend	gekannt

PRESENT INDICATIVE	PRESENT SUBJUNCTIVE
ich kenne	ich kenne
du kennst	du kennest
er kennt	er kenne
wir kennen	wir kennen
ihr kennt	ihr kennet
sie kennen	sie kennen
IMPERFECT INDICATIVE	**IMPERFECT SUBJUNCTIVE**
ich kannte	ich kennte
du kanntest	du kenntest
er kannte	er kennte
wir kannten	wir kennten
ihr kanntet	ihr kenntet
sie kannten	sie kennten
FUTURE INDICATIVE	**CONDITIONAL**
ich werde kennen	ich würde kennen
du wirst kennen	du würdest kennen
er wird kennen	er würde kennen
wir werden kennen	wir würden kennen
ihr werdet kennen	ihr würdet kennen
sie werden kennen	sie würden kennen
PERFECT INDICATIVE	**PLUPERFECT SUBJUNCTIVE**
ich habe gekannt	ich hätte gekannt
du hast gekannt	du hättest gekannt
er hat gekannt	er hätte gekannt
wir haben gekannt	wir hätten gekannt
ihr habt gekannt	ihr hättet gekannt
sie haben gekannt	sie hätten gekannt

IMPERATIVE: kenn(e)! kennen wir! kennt! kennen Sie!

71 klimmen* [strong, *sein*]
to climb

PRESENT PARTICIPLE	PAST PARTICIPLE
klimmend	geklommen

PRESENT INDICATIVE	PRESENT SUBJUNCTIVE
ich klimme	ich klimme
du klimmst	du klimmest
er klimmt	er klimme
wir klimmen	wir klimmen
ihr klimmt	ihr klimmet
sie klimmen	sie klimmen
IMPERFECT INDICATIVE	**IMPERFECT SUBJUNCTIVE**
ich klomm	ich klömme
du klommst	du klömmest
er klomm	er klömme
wir klommen	wir klömmen
ihr klommt	ihr klömmet
sie klommen	sie klömmen
FUTURE INDICATIVE	**CONDITIONAL**
ich werde klimmen	ich würde klimmen
du wirst klimmen	du würdest klimmen
er wird klimmen	er würde klimmen
wir werden klimmen	wir würden klimmen
ihr werdet klimmen	ihr würdet klimmen
sie werden klimmen	sie würden klimmen
PERFECT INDICATIVE	**PLUPERFECT SUBJUNCTIVE**
ich bin geklommen	ich wäre geklommen
du bist geklommen	du wär(e)st geklommen
er ist geklommen	er wäre geklommen
wir sind geklommen	wir wären geklommen
ihr seid geklommen	ihr wär(e)t geklommen
sie sind geklommen	sie wären geklommen

IMPERATIVE: klimm(e)! klimmen wir! klimmt! klimmen Sie!
Can also be conjugated as a weak verb, see pp. 5ff.

klingen [strong, *haben*]

to sound

PRESENT PARTICIPLE	PAST PARTICIPLE
klingend	geklungen

PRESENT INDICATIVE	PRESENT SUBJUNCTIVE
ich klinge	ich klinge
du klingst	du klingest
er klingt	er klinge
wir klingen	wir klingen
ihr klingt	ihr klinget
sie klingen	sie klingen
IMPERFECT INDICATIVE	**IMPERFECT SUBJUNCTIVE**
ich klang	ich klänge
du klangst	du klängest
er klang	er klänge
wir klangen	wir klängen
ihr klangt	ihr klänget
sie klangen	sie klängen
FUTURE INDICATIVE	**CONDITIONAL**
ich werde klingen	ich würde klingen
du wirst klingen	du würdest klingen
er wird klingen	er würde klingen
wir werden klingen	wir würden klingen
ihr werdet klingen	ihr würdet klingen
sie werden klingen	sie würden klingen
PERFECT INDICATIVE	**PLUPERFECT SUBJUNCTIVE**
ich habe geklungen	ich hätte geklungen
du hast geklungen	du hättest geklungen
er hat geklungen	er hätte geklungen
wir haben geklungen	wir hätten geklungen
ihr habt geklungen	ihr hättet geklungen
sie haben geklungen	sie hätten geklungen

IMPERATIVE: kling(e)! klingen wir! klingt! klingen Sie!

73 kneifen [strong, *haben*]
to pinch

PRESENT PARTICIPLE	PAST PARTICIPLE
kneifend	gekniffen

PRESENT INDICATIVE	PRESENT SUBJUNCTIVE
ich kneife	ich kneife
du kneifst	du kneifest
er kneift	er kneife
wir kneifen	wir kneifen
ihr kneift	ihr kneifet
sie kneifen	sie kneifen
IMPERFECT INDICATIVE	**IMPERFECT SUBJUNCTIVE**
ich kniff	ich kniffe
du kniffst	du kniffest
er kniff	er kniffe
wir kniffen	wir kniffen
ihr knifft	ihr kniffet
sie kniffen	sie kniffen
FUTURE INDICATIVE	**CONDITIONAL**
ich werde kneifen	ich würde kneifen
du wirst kneifen	du würdest kneifen
er wird kneifen	er würde kneifen
wir werden kneifen	wir würden kneifen
ihr werdet kneifen	ihr würdet kneifen
sie werden kneifen	sie würden kneifen
PERFECT INDICATIVE	**PLUPERFECT SUBJUNCTIVE**
ich habe gekniffen	ich hätte gekniffen
du hast gekniffen	du hättest gekniffen
er hat gekniffen	er hätte gekniffen
wir haben gekniffen	wir hätten gekniffen
ihr habt gekniffen	ihr hättet gekniffen
sie haben gekniffen	sie hätten gekniffen

IMPERATIVE: kneif(e)! kneifen wir! kneift! kneifen Sie!

kommen [strong, *sein*]
to come

PRESENT PARTICIPLE	PAST PARTICIPLE
kommend	gekommen

PRESENT INDICATIVE	PRESENT SUBJUNCTIVE
ich komme	ich komme
du kommst	du kommest
er kommt	er komme
wir kommen	wir kommen
ihr kommt	ihr kommet
sie kommen	sie kommen
IMPERFECT INDICATIVE	**IMPERFECT SUBJUNCTIVE**
ich kam	ich käme
du kamst	du kämest
er kam	er käme
wir kamen	wir kämen
ihr kamt	ihr kämet
sie kamen	sie kämen
FUTURE INDICATIVE	**CONDITIONAL**
ich werde kommen	ich würde kommen
du wirst kommen	du würdest kommen
er wird kommen	er würde kommen
wir werden kommen	wir würden kommen
ihr werdet kommen	ihr würdet kommen
sie werden kommen	sie würden kommen
PERFECT INDICATIVE	**PLUPERFECT SUBJUNCTIVE**
ich bin gekommen	ich wäre gekommen
du bist gekommen	du wär(e)st gekommen
er ist gekommen	er wäre gekommen
wir sind gekommen	wir wären gekommen
ihr seid gekommen	ihr wär(e)t gekommen
sie sind gekommen	sie wären gekommen

IMPERATIVE: komm(e)! kommen wir! kommt! kommen Sie!

75 **können** [modal, *haben*]
to be able to

PRESENT PARTICIPLE	PAST PARTICIPLE
könnend	gekonnt/können*

PRESENT INDICATIVE	PRESENT SUBJUNCTIVE
ich kann	ich könne
du kannst	du könnest
er kann	er könne
wir können	wir können
ihr könnt	ihr könnet
sie können	sie können
IMPERFECT INDICATIVE	**IMPERFECT SUBJUNCTIVE**
ich konnte	ich könnte
du konntest	du könntest
er konnte	er könnte
wir konnten	wir könnten
ihr konntet	ihr könntet
sie konnten	sie könnten
FUTURE INDICATIVE	**CONDITIONAL**
ich werde können	ich würde können
du wirst können	du würdest können
er wird können	er würde können
wir werden können	wir würden können
ihr werdet können	ihr würdet können
sie werden können	sie würden können
PERFECT INDICATIVE	**PLUPERFECT SUBJUNCTIVE**
ich habe gekonnt/können	ich hätte gekonnt/können
du hast gekonnt/können	du hättest gekonnt/können
er hat gekonnt/können	er hätte gekonnt/können
wir haben gekonnt/können	wir hätten gekonnt/können
ihr habt gekonnt/können	ihr hättet gekonnt/können
sie haben gekonnt/können	sie hätten gekonnt/können

**The second form is used when combined with an infinitive construction.*

kriechen [strong, *sein*]
to crawl

PRESENT PARTICIPLE	PAST PARTICIPLE
kriechend	gekrochen

PRESENT INDICATIVE	PRESENT SUBJUNCTIVE
ich krieche	ich krieche
du kriechst	du kriechest
er kriecht	er krieche
wir kriechen	wir kriechen
ihr kriecht	ihr kriechet
sie kriechen	sie kriechen
IMPERFECT INDICATIVE	**IMPERFECT SUBJUNCTIVE**
ich kroch	ich kröche
du krochst	du kröchest
er kroch	er kröche
wir krochen	wir kröchen
ihr krocht	ihr kröchet
sie krochen	sie kröchen
FUTURE INDICATIVE	**CONDITIONAL**
ich werde kriechen	ich würde kriechen
du wirst kriechen	du würdest kriechen
er wird kriechen	er würde kriechen
wir werden kriechen	wir würden kriechen
ihr werdet kriechen	ihr würdet kriechen
sie werden kriechen	sie würden kriechen
PERFECT INDICATIVE	**PLUPERFECT SUBJUNCTIVE**
ich bin gekrochen	ich wäre gekrochen
du bist gekrochen	du wär(e)st gekrochen
er ist gekrochen	er wäre gekrochen
wir sind gekrochen	wir wären gekrochen
ihr seid gekrochen	ihr wär(e)t gekrochen
sie sind gekrochen	sie wären gekrochen

IMPERATIVE: kriech(e)! kriechen wir! kriecht! kriechen Sie!

77 **laden** [strong, *haben*]
to load; to invite

PRESENT PARTICIPLE	PAST PARTICIPLE
ladend	geladen

PRESENT INDICATIVE	PRESENT SUBJUNCTIVE
ich lade	ich lade
du lädst	du ladest
er lädt	er lade
wir laden	wir laden
ihr ladet	ihr ladet
sie laden	sie laden
IMPERFECT INDICATIVE	**IMPERFECT SUBJUNCTIVE**
ich lud	ich lüde
du ludst	du lüdest
er lud	er lüde
wir luden	wir lüden
ihr ludet	ihr lüdet
sie luden	sie lüden
FUTURE INDICATIVE	**CONDITIONAL**
ich werde laden	ich würde laden
du wirst laden	du würdest laden
er wird laden	er würde laden
wir werden laden	wir würden laden
ihr werdet laden	ihr würdet laden
sie werden laden	sie würden laden
PERFECT INDICATIVE	**PLUPERFECT SUBJUNCTIVE**
ich habe geladen	ich hätte geladen
du hast geladen	du hättest geladen
er hat geladen	er hätte geladen
wir haben geladen	wir hätten geladen
ihr habt geladen	ihr hättet geladen
sie haben geladen	sie hätten geladen

IMPERATIVE: lad(e)! laden wir! ladet! laden Sie!

lassen [strong, *haben*]
to leave; to allow

PRESENT PARTICIPLE	PAST PARTICIPLE
lassend	gelassen

PRESENT INDICATIVE	PRESENT SUBJUNCTIVE
ich lasse	ich lasse
du läßt	du lassest
er läßt	er lasse
wir lassen	wir lassen
ihr laßt	ihr lasset
sie lassen	sie lassen
IMPERFECT INDICATIVE	**IMPERFECT SUBJUNCTIVE**
ich ließ	ich ließe
du ließest	du ließest
er ließ	er ließe
wir ließen	wir ließen
ihr ließt	ihr ließet
sie ließen	sie ließen
FUTURE INDICATIVE	**CONDITIONAL**
ich werde lassen	ich würde lassen
du wirst lassen	du würdest lassen
er wird lassen	er würde lassen
wir werden lassen	wir würden lassen
ihr werdet lassen	ihr würdet lassen
sie werden lassen	sie würden lassen
PERFECT INDICATIVE	**PLUPERFECT SUBJUNCTIVE**
ich habe gelassen	ich hätte gelassen
du hast gelassen	du hättest gelassen
er hat gelassen	er hätte gelassen
wir haben gelassen	wir hätten gelassen
ihr habt gelassen	ihr hättet gelassen
sie haben gelassen	sie hätten gelassen

IMPERATIVE: laß! lassen wir! laßt! lassen Sie!

79 laufen [strong, *sein*]
to run

PRESENT PARTICIPLE	PAST PARTICIPLE
laufend	gelaufen

PRESENT INDICATIVE	PRESENT SUBJUNCTIVE
ich laufe	ich laufe
du läufst	du laufest
er läuft	er laufe
wir laufen	wir laufen
ihr lauft	ihr laufet
sie laufen	sie laufen
IMPERFECT INDICATIVE	**IMPERFECT SUBJUNCTIVE**
ich lief	ich liefe
du liefst	du liefest
er lief	er liefe
wir liefen	wir liefen
ihr lieft	ihr liefet
sie liefen	sie liefen
FUTURE INDICATIVE	**CONDITIONAL**
ich werde laufen	ich würde laufen
du wirst laufen	du würdest laufen
er wird laufen	er würde laufen
wir werden laufen	wir würden laufen
ihr werdet laufen	ihr würdet laufen
sie werden laufen	sie würden laufen
PERFECT INDICATIVE	**PLUPERFECT SUBJUNCTIVE**
ich bin gelaufen	ich wäre gelaufen
du bist gelaufen	du wär(e)st gelaufen
er ist gelaufen	er wäre gelaufen
wir sind gelaufen	wir wären gelaufen
ihr seid gelaufen	ihr wär(e)t gelaufen
sie sind gelaufen	sie wären gelaufen

IMPERATIVE: lauf(e)! laufen wir! lauft! laufen Sie!

leiden [strong, *haben*] 80
to suffer

PRESENT PARTICIPLE	PAST PARTICIPLE
leidend	gelitten

PRESENT INDICATIVE	PRESENT SUBJUNCTIVE
ich leide	ich leide
du leidest	du leidest
er leidet	er leide
wir leiden	wir leiden
ihr leidet	ihr leidet
sie leiden	sie leiden
IMPERFECT INDICATIVE	**IMPERFECT SUBJUNCTIVE**
ich litt	ich litte
du littst	du littest
er litt	er litte
wir litten	wir litten
ihr littet	ihr littet
sie litten	sie litten
FUTURE INDICATIVE	**CONDITIONAL**
ich werde leiden	ich würde leiden
du wirst leiden	du würdest leiden
er wird leiden	er würde leiden
wir werden leiden	wir würden leiden
ihr werdet leiden	ihr würdet leiden
sie werden leiden	sie würden leiden
PERFECT INDICATIVE	**PLUPERFECT SUBJUNCTIVE**
ich habe gelitten	ich hätte gelitten
du hast gelitten	du hättest gelitten
er hat gelitten	er hätte gelitten
wir haben gelitten	wir hätten gelitten
ihr habt gelitten	ihr hättet gelitten
sie haben gelitten	sie hätten gelitten

IMPERATIVE: leid(e)! leiden wir! leidet! leiden Sie!

81 leihen [strong, *haben*]
to lend

PRESENT PARTICIPLE	PAST PARTICIPLE
leihend	geliehen

PRESENT INDICATIVE	PRESENT SUBJUNCTIVE
ich leihe	ich leihe
du leihst	du leihest
er leiht	er leihe
wir leihen	wir leihen
ihr leiht	ihr leihet
sie leihen	sie leihen
IMPERFECT INDICATIVE	**IMPERFECT SUBJUNCTIVE**
ich lieh	ich liehe
du liehst	du liehest
er lieh	er liehe
wir liehen	wir liehen
ihr lieht	ihr liehet
sie liehen	sie liehen
FUTURE INDICATIVE	**CONDITIONAL**
ich werde leihen	ich würde leihen
du wirst leihen	du würdest leihen
er wird leihen	er würde leihen
wir werden leihen	wir würden leihen
ihr werdet leihen	ihr würdet leihen
sie werden leihen	sie würden leihen
PERFECT INDICATIVE	**PLUPERFECT SUBJUNCTIVE**
ich habe geliehen	ich hätte geliehen
du hast geliehen	du hättest geliehen
er hat geliehen	er hätte geliehen
wir haben geliehen	wir hätten geliehen
ihr habt geliehen	ihr hättet geliehen
sie haben geliehen	sie hätten geliehen

IMPERATIVE: leih(e)! leihen wir! leiht! leihen Sie!

lesen [strong, *haben*] **82**
to read

PRESENT PARTICIPLE	PAST PARTICIPLE
lesend	gelesen

PRESENT INDICATIVE	PRESENT SUBJUNCTIVE
ich lese	ich lese
du liest	du lesest
er liest	er lese
wir lesen	wir lesen
ihr lest	ihr leset
sie lesen	sie lesen
IMPERFECT INDICATIVE	**IMPERFECT SUBJUNCTIVE**
ich las	ich läse
du lasest	du läsest
er las	er läse
wir lasen	wir läsen
ihr last	ihr läset
sie lasen	sie läsen
FUTURE INDICATIVE	**CONDITIONAL**
ich werde lesen	ich würde lesen
du wirst lesen	du würdest lesen
er wird lesen	er würde lesen
wir werden lesen	wir würden lesen
ihr werdet lesen	ihr würdet lesen
sie werden lesen	sie würden lesen
PERFECT INDICATIVE	**PLUPERFECT SUBJUNCTIVE**
ich habe gelesen	ich hätte gelesen
du hast gelesen	du hättest gelesen
er hat gelesen	er hätte gelesen
wir haben gelesen	wir hätten gelesen
ihr habt gelesen	ihr hättet gelesen
sie haben gelesen	sie hätten gelesen

IMPERATIVE: lies! lesen wir! lest! lesen Sie!

83 liegen [strong, *haben*]
to lie

PRESENT PARTICIPLE	PAST PARTICIPLE
liegend	gelegen

PRESENT INDICATIVE
ich liege
du liegst
er liegt
wir liegen
ihr liegt
sie liegen

IMPERFECT INDICATIVE
ich lag
du lagst
er lag
wir lagen
ihr lagt
sie lagen

FUTURE INDICATIVE
ich werde liegen
du wirst liegen
er wird liegen
wir werden liegen
ihr werdet liegen
sie werden liegen

PERFECT INDICATIVE
ich habe gelegen
du hast gelegen
er hat gelegen
wir haben gelegen
ihr habt gelegen
sie haben gelegen

PRESENT SUBJUNCTIVE
ich liege
du liegest
er liege
wir liegen
ihr lieget
sie liegen

IMPERFECT SUBJUNCTIVE
ich läge
du lägest
er läge
wir lägen
ihr läget
sie lägen

CONDITIONAL
ich würde liegen
du würdest liegen
er würde liegen
wir würden liegen
ihr würdet liegen
sie würden liegen

PLUPERFECT SUBJUNCTIVE
ich hätte gelegen
du hättest gelegen
er hätte gelegen
wir hätten gelegen
ihr hättet gelegen
sie hätten gelegen

IMPERATIVE: lieg(e)! liegen wir! liegt! liegen Sie!

lügen [strong, *haben*]
to (tell a) lie

PRESENT PARTICIPLE	PAST PARTICIPLE
lügend	gelogen

PRESENT INDICATIVE	PRESENT SUBJUNCTIVE
ich lüge	ich lüge
du lügst	du lügest
er lügt	er lüge
wir lügen	wir lügen
ihr lügt	ihr lüget
sie lügen	sie lügen
IMPERFECT INDICATIVE	**IMPERFECT SUBJUNCTIVE**
ich log	ich löge
du logst	du lögest
er log	er löge
wir logen	wir lögen
ihr logt	ihr löget
sie logen	sie lögen
FUTURE INDICATIVE	**CONDITIONAL**
ich werde lügen	ich würde lügen
du wirst lügen	du würdest lügen
er wird lügen	er würde lügen
wir werden lügen	wir würden lügen
ihr werdet lügen	ihr würdet lügen
sie werden lügen	sie würden lügen
PERFECT INDICATIVE	**PLUPERFECT SUBJUNCTIVE**
ich habe gelogen	ich hätte gelogen
du hast gelogen	du hättest gelogen
er hat gelogen	er hätte gelogen
wir haben gelogen	wir hätten gelogen
ihr habt gelogen	ihr hättet gelogen
sie haben gelogen	sie hätten gelogen

IMPERATIVE: lüg(e)! lügen wir! lügt! lügen Sie!

85 mahlen [strong*, *haben*]
to grind

PRESENT PARTICIPLE	PAST PARTICIPLE
mahlend	gemahlen

PRESENT INDICATIVE	PRESENT SUBJUNCTIVE
ich mahle	ich mahle
du mahlst	du mahlest
er mahlt	er mahle
wir mahlen	wir mahlen
ihr mahlt	ihr mahlet
sie mahlen	sie mahlen
IMPERFECT INDICATIVE	**IMPERFECT SUBJUNCTIVE**
ich mahlte	ich mahlte
du mahltest	du mahltest
er mahlte	er mahlte
wir mahlten	wir mahlten
ihr mahltet	ihr mahltet
sie mahlten	sie mahlten
FUTURE INDICATIVE	**CONDITIONAL**
ich werde mahlen	ich würde mahlen
du wirst mahlen	du würdest mahlen
er wird mahlen	er würde mahlen
wir werden mahlen	wir würden mahlen
ihr werdet mahlen	ihr würdet mahlen
sie werden mahlen	sie würden mahlen
PERFECT INDICATIVE	**PLUPERFECT SUBJUNCTIVE**
ich habe gemahlen	ich hätte gemahlen
du hast gemahlen	du hättest gemahlen
er hat gemahlen	er hätte gemahlen
wir haben gemahlen	wir hätten gemahlen
ihr habt gemahlen	ihr hättet gemahlen
sie haben gemahlen	sie hätten gemahlen

IMPERATIVE: mahl(e)! mahlen wir! mahlt! mahlen Sie!
**N.B. No vowel change in the imperfect tense or past participle.*

meiden [strong, *haben*] **86**
to avoid

PRESENT PARTICIPLE	PAST PARTICIPLE
meidend	gemieden

PRESENT INDICATIVE	PRESENT SUBJUNCTIVE
ich meide	ich meide
du meidest	du meidest
er meidet	er meide
wir meiden	wir meiden
ihr meidet	ihr meidet
sie meiden	sie meiden
IMPERFECT INDICATIVE	**IMPERFECT SUBJUNCTIVE**
ich mied	ich miede
du miedest	du miedest
er mied	er miede
wir mieden	wir mieden
ihr miedet	ihr miedet
sie mieden	sie mieden
FUTURE INDICATIVE	**CONDITIONAL**
ich werde meiden	ich würde meiden
du wirst meiden	du würdest meiden
er wird meiden	er würde meiden
wir werden meiden	wir würden meiden
ihr werdet meiden	ihr würdet meiden
sie werden meiden	sie würden meiden
PERFECT INDICATIVE	**PLUPERFECT SUBJUNCTIVE**
ich habe gemieden	ich hätte gemieden
du hast gemieden	du hättest gemieden
er hat gemieden	er hätte gemieden
wir haben gemieden	wir hätten gemieden
ihr habt gemieden	ihr hättet gemieden
sie haben gemieden	sie hätten gemieden

IMPERATIVE: meid(e)! meiden wir! meidet! meiden Sie!

87 messen [strong, *haben*]

to measure

PRESENT PARTICIPLE	PAST PARTICIPLE
messend	gemessen

PRESENT INDICATIVE	PRESENT SUBJUNCTIVE
ich messe	ich messe
du mißt	du messest
er mißt	er messe
wir messen	wir messen
ihr meßt	ihr messet
sie messen	sie messen
IMPERFECT INDICATIVE	**IMPERFECT SUBJUNCTIVE**
ich maß	ich mäße
du maßest	du mäßest
er maß	er mäße
wir maßen	wir mäßen
ihr maßt	ihr mäßet
sie maßen	sie mäßen
FUTURE INDICATIVE	**CONDITIONAL**
ich werde messen	ich würde messen
du wirst messen	du würdest messen
er wird messen	er würde messen
wir werden messen	wir würden messen
ihr werdet messen	ihr würdet messen
sie werden messen	sie würden messen
PERFECT INDICATIVE	**PLUPERFECT SUBJUNCTIVE**
ich habe gemessen	ich hätte gemessen
du hast gemessen	du hättest gemessen
er hat gemessen	er hätte gemessen
wir haben gemessen	wir hätten gemessen
ihr habt gemessen	ihr hättet gemessen
sie haben gemessen	sie hätten gemessen

IMPERATIVE: miß! messen wir! meßt! messen Sie!

mögen [modal, *haben*]
to like

PRESENT PARTICIPLE	PAST PARTICIPLE
mögend	gemocht/mögen*

PRESENT INDICATIVE	PRESENT SUBJUNCTIVE
ich mag	ich möge
du magst	du mögest
er mag	er möge
wir mögen	wir mögen
ihr mögt	ihr möget
sie mögen	sie mögen
IMPERFECT INDICATIVE	**IMPERFECT SUBJUNCTIVE**
ich mochte	ich möchte
du mochtest	du möchtest
er mochte	er möchte
wir mochten	wir möchten
ihr mochtet	ihr möchtet
sie mochten	sie möchten
FUTURE INDICATIVE	**CONDITIONAL**
ich werde mögen	ich würde mögen
du wirst mögen	du würdest mögen
er wird mögen	er würde mögen
wir werden mögen	wir würden mögen
ihr werdet mögen	ihr würdet mögen
sie werden mögen	sie würden mögen
PERFECT INDICATIVE	**PLUPERFECT SUBJUNCTIVE**
ich habe gemocht/mögen	ich hätte gemocht/mögen
du hast gemocht/mögen	du hättest gemocht/mögen
er hat gemocht/mögen	er hätte gemocht/mögen
wir haben gemocht/mögen	wir hätten gemocht/mögen
ihr habt gemocht/mögen	ihr hättet gemocht/mögen
sie haben gemocht/mögen	sie hätten gemocht/mögen

**The second form is used when combined with an infinitive onstruction.*

89 müssen [modal, *haben*]

to have to

PRESENT PARTICIPLE	PAST PARTICIPLE
müssend	gemußt/müssen*

PRESENT INDICATIVE	PRESENT SUBJUNCTIVE
ich muß	ich müsse
du mußt	du müssest
er muß	er müsse
wir müssen	wir müssen
ihr müßt	ihr müsset
sie müssen	sie müssen
IMPERFECT INDICATIVE	**IMPERFECT SUBJUNCTIVE**
ich mußte	ich müßte
du mußtest	du müßtest
er mußte	er müßte
wir mußten	wir müßten
ihr mußtet	ihr müßtet
sie mußten	sie müßten
FUTURE INDICATIVE	**CONDITIONAL**
ich werde müssen	ich würde müssen
du wirst müssen	du würdest müssen
er wird müssen	er würde müssen
wir werden müssen	wir würden müssen
ihr werdet müssen	ihr würdet müssen
sie werden müssen	sie würden müssen
PERFECT INDICATIVE	**PLUPERFECT SUBJUNCTIVE**
ich habe gemußt/müssen	ich hätte gemußt/müssen
du hast gemußt/müssen	du hättest gemußt/müssen
er hat gemußt/müssen	er hätte gemußt/müssen
wir haben gemußt/müssen	wir hätten gemußt/müssen
ihr habt gemußt/müssen	ihr hättet gemußt/müssen
sie haben gemußt/müssen	sie hätten gemußt/müssen

**The second form is used when combined with an infinitive construction.*

nehmen [strong, *haben*]
to take

PRESENT PARTICIPLE	PAST PARTICIPLE
nehmend	genommen

PRESENT INDICATIVE	PRESENT SUBJUNCTIVE
ich nehme	ich nehme
du nimmst	du nehmest
er nimmt	er nehme
wir nehmen	wir nehmen
ihr nehmt	ihr nehmet
sie nehmen	sie nehmen
IMPERFECT INDICATIVE	**IMPERFECT SUBJUNCTIVE**
ich nahm	ich nähme
du nahmst	du nähmest
er nahm	er nähme
wir nahmen	wir nähmen
ihr nahmt	ihr nähmet
sie nahmen	sie nähmen
FUTURE INDICATIVE	**CONDITIONAL**
ich werde nehmen	ich würde nehmen
du wirst nehmen	du würdest nehmen
er wird nehmen	er würde nehmen
wir werden nehmen	wir würden nehmen
ihr werdet nehmen	ihr würdet nehmen
sie werden nehmen	sie würden nehmen
PERFECT INDICATIVE	**PLUPERFECT SUBJUNCTIVE**
ich habe genommen	ich hätte genommen
du hast genommen	du hättest genommen
er hat genommen	er hätte genommen
wir haben genommen	wir hätten genommen
ihr habt genommen	ihr hättet genommen
sie haben genommen	sie hätten genommen

IMPERATIVE: nimm! nehmen wir! nehmt! nehmen Sie!

91 nennen [mixed, *haben*]

to name

PRESENT PARTICIPLE	PAST PARTICIPLE
nennend	genannt

PRESENT INDICATIVE	**PRESENT SUBJUNCTIVE**
ich nenne	ich nenne
du nennst	du nennest
er nennt	er nenne
wir nennen	wir nennen
ihr nennt	ihr nennet
sie nennen	sie nennen
IMPERFECT INDICATIVE	**IMPERFECT SUBJUNCTIVE**
ich nannte	ich nennte
du nanntest	du nenntest
er nannte	er nennte
wir nannten	wir nennten
ihr nanntet	ihr nenntet
sie nannten	sie nennten
FUTURE INDICATIVE	**CONDITIONAL**
ich werde nennen	ich würde nennen
du wirst nennen	du würdest nennen
er wird nennen	er würde nennen
wir werden nennen	wir würden nennen
ihr werdet nennen	ihr würdet nennen
sie werden nennen	sie würden nennen
PERFECT INDICATIVE	**PLUPERFECT SUBJUNCTIVE**
ich habe genannt	ich hätte genannt
du hast genannt	du hättest genannt
er hat genannt	er hätte genannt
wir haben genannt	wir hätten genannt
ihr habt genannt	ihr hättet genannt
sie haben genannt	sie hätten genannt

IMPERATIVE: nenn(e)! nennen wir! nennt! nennen Sie!

pfeifen [strong, *haben*] 92
to whistle

PRESENT PARTICIPLE	PAST PARTICIPLE
pfeifend	gepfiffen

PRESENT INDICATIVE	PRESENT SUBJUNCTIVE
ich pfeife	ich pfeife
du pfeifst	du pfeifest
er pfeift	er pfeife
wir pfeifen	wir pfeifen
ihr pfeift	ihr pfeifet
sie pfeifen	sie pfeifen
IMPERFECT INDICATIVE	**IMPERFECT SUBJUNCTIVE**
ich pfiff	ich pfiffe
du pfiffst	du pfiffest
er pfiff	er pfiffe
wir pfiffen	wir pfiffen
ihr pfifft	ihr pfiffet
sie pfiffen	sie pfiffen
FUTURE INDICATIVE	**CONDITIONAL**
ich werde pfeifen	ich würde pfeifen
du wirst pfeifen	du würdest pfeifen
er wird pfeifen	er würde pfeifen
wir werden pfeifen	wir würden pfeifen
ihr werdet pfeifen	ihr würdet pfeifen
sie werden pfeifen	sie würden pfeifen
PERFECT INDICATIVE	**PLUPERFECT SUBJUNCTIVE**
ich habe gepfiffen	ich hätte gepfiffen
du hast gepfiffen	du hättest gepfiffen
er hat gepfiffen	er hätte gepfiffen
wir haben gepfiffen	wir hätten gepfiffen
ihr habt gepfiffen	ihr hättet gepfiffen
sie haben gepfiffen	sie hätten gepfiffen

IMPERATIVE: pfeif(e)! pfeifen wir! pfeift! pfeifen Sie!

93 preisen [strong, *haben*]
to praise

PRESENT PARTICIPLE	PAST PARTICIPLE
preisend	gepriesen

PRESENT INDICATIVE	PRESENT SUBJUNCTIVE
ich preise	ich preise
du preist	du preisest
er preist	er preise
wir preisen	wir preisen
ihr preist	ihr preiset
sie preisen	sie preisen
IMPERFECT INDICATIVE	**IMPERFECT SUBJUNCTIVE**
ich pries	ich priese
du priesest	du priesest
er pries	er priese
wir priesen	wir priesen
ihr priest	ihr prieset
sie priesen	sie priesen
FUTURE INDICATIVE	**CONDITIONAL**
ich werde preisen	ich würde preisen
du wirst preisen	du würdest preisen
er wird preisen	er würde preisen
wir werden preisen	wir würden preisen
ihr werdet preisen	ihr würdet preisen
sie werden preisen	sie würden preisen
PERFECT INDICATIVE	**PLUPERFECT SUBJUNCTIVE**
ich habe gepriesen	ich hätte gepriesen
du hast gepriesen	du hättest gepriesen
er hat gepriesen	er hätte gepriesen
wir haben gepriesen	wir hätten gepriesen
ihr habt gepriesen	ihr hättet gepriesen
sie haben gepriesen	sie hätten gepriesen

IMPERATIVE: preis(e)! preisen wir! preist! preisen Sie!

quellen [strong, *sein*]

to gush

PRESENT PARTICIPLE	PAST PARTICIPLE
quellend	gequollen

PRESENT INDICATIVE	PRESENT SUBJUNCTIVE
ich quelle	ich quelle
du quillst	du quellest
er quillt	er quelle
wir quellen	wir quellen
ihr quellt	ihr quellet
sie quellen	sie quellen
IMPERFECT INDICATIVE	**IMPERFECT SUBJUNCTIVE**
ich quoll	ich quölle
du quollst	du quöllest
er quoll	er quölle
wir quollen	wir quöllen
ihr quollt	ihr quöllet
sie quollen	sie quöllen
FUTURE INDICATIVE	**CONDITIONAL**
ich werde quellen	ich würde quellen
du wirst quellen	du würdest quellen
er wird quellen	er würde quellen
wir werden quellen	wir würden quellen
ihr werdet quellen	ihr würdet quellen
sie werden quellen	sie würden quellen
PERFECT INDICATIVE	**PLUPERFECT SUBJUNCTIVE**
ich bin gequollen	ich wäre gequollen
du bist gequollen	du wär(e)st gequollen
er ist gequollen	er wäre gequollen
wir sind gequollen	wir wären gequollen
ihr seid gequollen	ihr wär(e)t gequollen
sie sind gequollen	sie wären gequollen

IMPERATIVE: quill! quellen wir! quellt! quellen Sie!

95 rasen [weak, *sein*]
to race

PRESENT PARTICIPLE	PAST PARTICIPLE
rasend	gerast

PRESENT INDICATIVE	PRESENT SUBJUNCTIVE
ich rase	ich rase
du rast	du rasest
er rast	er rase
wir rasen	wir rasen
ihr rast	ihr raset
sie rasen	sie rasen
IMPERFECT INDICATIVE	**IMPERFECT SUBJUNCTIVE**
ich raste	ich raste
du rastest	du rastest
er raste	er raste
wir rasten	wir rasten
ihr rastet	ihr rastet
sie rasten	sie rasten
FUTURE INDICATIVE	**CONDITIONAL**
ich werde rasen	ich würde rasen
du wirst rasen	du würdest rasen
er wird rasen	er würde rasen
wir werden rasen	wir würden rasen
ihr werdet rasen	ihr würdet rasen
sie werden rasen	sie würden rasen
PERFECT INDICATIVE	**PLUPERFECT SUBJUNCTIVE**
ich bin gerast	ich wäre gerast
du bist gerast	du wär(e)st gerast
er ist gerast	er wäre gerast
wir sind gerast	wir wären gerast
ihr seid gerast	ihr wär(e)t gerast
sie sind gerast	sie wären gerast

IMPERATIVE: ras(e)! rasen wir! rast! rasen Sie!

raten [strong, *haben*]
to guess; to advise

PRESENT PARTICIPLE	PAST PARTICIPLE
ratend	geraten

PRESENT INDICATIVE	PRESENT SUBJUNCTIVE
ich rate	ich rate
du rätst	du ratest
er rät	er rate
wir raten	wir raten
ihr ratet	ihr ratet
sie raten	sie raten
IMPERFECT INDICATIVE	**IMPERFECT SUBJUNCTIVE**
ich riet	ich riete
du rietst	du rietest
er riet	er riete
wir rieten	wir rieten
ihr rietet	ihr rietet
sie rieten	sie rieten
FUTURE INDICATIVE	**CONDITIONAL**
ich werde raten	ich würde raten
du wirst raten	du würdest raten
er wird raten	er würde raten
wir werden raten	wir würden raten
ihr werdet raten	ihr würdet raten
sie werden raten	sie würden raten
PERFECT INDICATIVE	**PLUPERFECT SUBJUNCTIVE**
ich habe geraten	ich hätte geraten
du hast geraten	du hättest geraten
er hat geraten	er hätte geraten
wir haben geraten	wir hätten geraten
ihr habt geraten	ihr hättet geraten
sie haben geraten	sie hätten geraten

IMPERATIVE: rat(e)! raten wir! ratet! raten Sie!

97 rechnen [weak, *haben*]
to calculate

PRESENT PARTICIPLE	PAST PARTICIPLE
rechnend	gerechnet

PRESENT INDICATIVE	PRESENT SUBJUNCTIVE
ich rechne	ich rechne
du rechnest	du rechnest
er rechnet	er rechne
wir rechnen	wir rechnen
ihr rechnet	ihr rechnet
sie rechnen	sie rechnen
IMPERFECT INDICATIVE	**IMPERFECT SUBJUNCTIVE**
ich rechnete	ich rechnete
du rechnetest	du rechnetest
er rechnete	er rechnete
wir rechneten	wir rechneten
ihr rechnetet	ihr rechnetet
sie rechneten	sie rechneten
FUTURE INDICATIVE	**CONDITIONAL**
ich werde rechnen	ich würde rechnen
du wirst rechnen	du würdest rechnen
er wird rechnen	er würde rechnen
wir werden rechnen	wir würden rechnen
ihr werdet rechnen	ihr würdet rechnen
sie werden rechnen	sie würden rechnen
PERFECT INDICATIVE	**PLUPERFECT SUBJUNCTIVE**
ich habe gerechnet	ich hätte gerechnet
du hast gerechnet	du hättest gerechnet
er hat gerechnet	er hätte gerechnet
wir haben gerechnet	wir hätten gerechnet
ihr habt gerechnet	ihr hättet gerechnet
sie haben gerechnet	sie hätten gerechnet

IMPERATIVE: rechne! rechnen wir! rechnet! rechnen Sie!

reden [weak, *haben*]
to talk

PRESENT PARTICIPLE	PAST PARTICIPLE
redend	geredet

PRESENT INDICATIVE	PRESENT SUBJUNCTIVE
ich rede	ich rede
du redest	du redest
er redet	er rede
wir reden	wir reden
ihr redet	ihr redet
sie reden	sie reden
IMPERFECT INDICATIVE	**IMPERFECT SUBJUNCTIVE**
ich redete	ich redete
du redetest	du redetest
er redete	er redete
wir redeten	wir redeten
ihr redetet	ihr redetet
sie redeten	sie redeten
FUTURE INDICATIVE	**CONDITIONAL**
ich werde reden	ich würde reden
du wirst reden	du würdest reden
er wird reden	er würde reden
wir werden reden	wir würden reden
ihr werdet reden	ihr würdet reden
sie werden reden	sie würden reden
PERFECT INDICATIVE	**PLUPERFECT SUBJUNCTIVE**
ich habe geredet	ich hätte geredet
du hast geredet	du hättest geredet
er hat geredet	er hätte geredet
wir haben geredet	wir hätten geredet
ihr habt geredet	ihr hättet geredet
sie haben geredet	sie hätten geredet

IMPERATIVE: red(e)! reden wir! redet! reden Sie!

99 reiben [strong, *haben*]
to rub

PRESENT PARTICIPLE	PAST PARTICIPLE
reibend	gerieben

PRESENT INDICATIVE	**PRESENT SUBJUNCTIVE**
ich reibe	ich reibe
du reibst	du reibest
er reibt	er reibe
wir reiben	wir reiben
ihr reibt	ihr reibet
sie reiben	sie reiben
IMPERFECT INDICATIVE	**IMPERFECT SUBJUNCTIVE**
ich rieb	ich riebe
du riebst	du riebest
er rieb	er riebe
wir rieben	wir rieben
ihr riebt	ihr riebet
sie rieben	sie rieben
FUTURE INDICATIVE	**CONDITIONAL**
ich werde reiben	ich würde reiben
du wirst reiben	du würdest reiben
er wird reiben	er würde reiben
wir werden reiben	wir würden reiben
ihr werdet reiben	ihr würdet reiben
sie werden reiben	sie würden reiben
PERFECT INDICATIVE	**PLUPERFECT SUBJUNCTIVE**
ich habe gerieben	ich hätte gerieben
du hast gerieben	du hättest gerieben
er hat gerieben	er hätte gerieben
wir haben gerieben	wir hätten gerieben
ihr habt gerieben	ihr hättet gerieben
sie haben gerieben	sie hätten gerieben

IMPERATIVE: reib(e)! reiben wir! reibt! reiben Sie!

reißen [strong, *haben/sein*] **100**

to tear (*transitive/intransitive*)

PRESENT PARTICIPLE	PAST PARTICIPLE
reißend	gerissen

PRESENT INDICATIVE	PRESENT SUBJUNCTIVE
ich reiße	ich reiße
du reißt	du reißest
er reißt	er reiße
wir reißen	wir reißen
ihr reißt	ihr reißet
sie reißen	sie reißen
IMPERFECT INDICATIVE	**IMPERFECT SUBJUNCTIVE**
ich riß	ich risse
du rissest	du rissest
er riß	er risse
wir rissen	wir rissen
ihr rißt	ihr risset
sie rissen	sie rissen
FUTURE INDICATIVE	**CONDITIONAL**
ich werde reißen	ich würde reißen
du wirst reißen	du würdest reißen
er wird reißen	er würde reißen
wir werden reißen	wir würden reißen
ihr werdet reißen	ihr würdet reißen
sie werden reißen	sie würden reißen
PERFECT INDICATIVE .	**PLUPERFECT SUBJUNCTIVE**
ich habe gerissen*	ich hätte gerissen*
du hast gerissen	du hättest gerissen
er hat gerissen	er hätte gerissen
wir haben gerissen	wir hätten gerissen
ihr habt gerissen	ihr hättet gerissen
sie haben gerissen	sie hätten gerissen

IMPERATIVE: reiß(e)! reißen wir! reißt! reißen Sie!
*OR: ich bin/wäre gerissen *etc* (*when intransitive*).

101 reiten [strong, *haben/sein*]

to ride (*transitive/intransitive*)

PRESENT PARTICIPLE	PAST PARTICIPLE
reitend	geritten

PRESENT INDICATIVE	PRESENT SUBJUNCTIVE
ich reite	ich reite
du reitest	du reitest
er reitet	er reite
wir reiten	wir reiten
ihr reitet	ihr reitet
sie reiten	sie reiten
IMPERFECT INDICATIVE	**IMPERFECT SUBJUNCTIVE**
ich ritt	ich ritte
du rittst	du rittest
er ritt	er ritte
wir ritten	wir ritten
ihr rittet	ihr rittet
sie ritten	sie ritten
FUTURE INDICATIVE	**CONDITIONAL**
ich werde reiten	ich würde reiten
du wirst reiten	du würdest reiten
er wird reiten	er würde reiten
wir werden reiten	wir würden reiten
ihr werdet reiten	ihr würdet reiten
sie werden reiten	sie würden reiten
PERFECT INDICATIVE	**PLUPERFECT SUBJUNCTIVE**
ich habe geritten*	ich hätte geritten*
du hast geritten	du hättest geritten
er hat geritten	er hätte geritten
wir haben geritten	wir hätten geritten
ihr habt geritten	ihr hättet geritten
sie haben geritten	sie hätten geritten

IMPERATIVE: reit(e)! reiten wir! reitet! reiten Sie!
*OR: ich bin/wäre geritten *etc* (*when intransitive*).

PRESENT PARTICIPLE	PAST PARTICIPLE
rennend	gerannt

PRESENT INDICATIVE	PRESENT SUBJUNCTIVE
ich renne	ich renne
du rennst	du rennest
er rennt	er renne
wir rennen	wir rennen
ihr rennt	ihr rennet
sie rennen	sie rennen
IMPERFECT INDICATIVE	**IMPERFECT SUBJUNCTIVE**
ich rannte	ich rennte
du ranntest	du renntest
er rannte	er rennte
wir rannten	wir rennten
ihr ranntet	ihr renntet
sie rannten	sie rennten
FUTURE INDICATIVE	**CONDITIONAL**
ich werde rennen	ich würde rennen
du wirst rennen	du würdest rennen
er wird rennen	er würde rennen
wir werden rennen	wir würden rennen
ihr werdet rennen	ihr würdet rennen
sie werden rennen	sie würden rennen
PERFECT INDICATIVE	**PLUPERFECT SUBJUNCTIVE**
ich bin gerannt	ich wäre gerannt
du bist gerannt	du wär(e)st gerannt
er ist gerannt	er wäre gerannt
wir sind gerannt	wir wären gerannt
ihr seid gerannt	ihr wär(e)t gerannt
sie sind gerannt	sie wären gerannt

IMPERATIVE: renn(e)! rennen wir! rennt! rennen Sie!

103 riechen [strong, *haben*]
to smell

PRESENT PARTICIPLE	PAST PARTICIPLE
riechend	gerochen

PRESENT INDICATIVE	PRESENT SUBJUNCTIVE
ich rieche	ich rieche
du riechst	du riechest
er riecht	er rieche
wir riechen	wir riechen
ihr riecht	ihr riechet
sie riechen	sie riechen
IMPERFECT INDICATIVE	**IMPERFECT SUBJUNCTIVE**
ich roch	ich röche
du rochst	du röchest
er roch	er röche
wir rochen	wir röchen
ihr rocht	ihr röchet
sie rochen	sie röchen
FUTURE INDICATIVE	**CONDITIONAL**
ich werde riechen	ich würde riechen
du wirst riechen	du würdest riechen
er wird riechen	er würde riechen
wir werden riechen	wir würden riechen
ihr werdet riechen	ihr würdet riechen
sie werden riechen	sie würden riechen
PERFECT INDICATIVE	**PLUPERFECT SUBJUNCTIVE**
ich habe gerochen	ich hätte gerochen
du hast gerochen	du hättest gerochen
er hat gerochen	er hätte gerochen
wir haben gerochen	wir hätten gerochen
ihr habt gerochen	ihr hättet gerochen
sie haben gerochen	sie hätten gerochen

IMPERATIVE: riech(e)! riechen wir! riecht! riechen Sie!

ringen [strong, *haben*] **104**
to struggle

PRESENT PARTICIPLE ringend	PAST PARTICIPLE gerungen
PRESENT INDICATIVE ich ringe du ringst er ringt wir ringen ihr ringt sie ringen	PRESENT SUBJUNCTIVE ich ringe du ringest er ringe wir ringen ihr ringet sie ringen
IMPERFECT INDICATIVE ich rang du rangst er rang wir rangen ihr rangt sie rangen	IMPERFECT SUBJUNCTIVE ich ränge du rängest er ränge wir rängen ihr ränget sie rängen
FUTURE INDICATIVE ich werde ringen du wirst ringen er wird ringen wir werden ringen ihr werdet ringen sie werden ringen	CONDITIONAL ich würde ringen du würdest ringen er würde ringen wir würden ringen ihr würdet ringen sie würden ringen
PERFECT INDICATIVE ich habe gerungen du hast gerungen er hat gerungen wir haben gerungen ihr habt gerungen sie haben gerungen	PLUPERFECT SUBJUNCTIVE ich hätte gerungen du hättest gerungen er hätte gerungen wir hätten gerungen ihr hättet gerungen sie hätten gerungen

IMPERATIVE: ring(e)! ringen wir! ringt! ringen Sie!

105 rinnen [strong, *sein*]
to run, flow

PRESENT PARTICIPLE	PAST PARTICIPLE
rinnend	geronnen

PRESENT INDICATIVE	PRESENT SUBJUNCTIVE
ich rinne	ich rinne
du rinnst	du rinnest
er rinnt	er rinne
wir rinnen	wir rinnen
ihr rinnt	ihr rinnet
sie rinnen	sie rinnen
IMPERFECT INDICATIVE	**IMPERFECT SUBJUNCTIVE**
ich rann	ich ränne
du rannst	du rännest
er rann	er ränne
wir rannen	wir rännen
ihr rannt	ihr rännet
sie rannen	sie rännen
FUTURE INDICATIVE	**CONDITIONAL**
ich werde rinnen	ich würde rinnen
du wirst rinnen	du würdest rinnen
er wird rinnen	er würde rinnen
wir werden rinnen	wir würden rinnen
ihr werdet rinnen	ihr würdet rinnen
sie werden rinnen	sie würden rinnen
PERFECT INDICATIVE	**PLUPERFECT SUBJUNCTIVE**
ich bin geronnen	ich wäre geronnen
du bist geronnen	du wär(e)st geronnen
er ist geronnen	er wäre geronnen
wir sind geronnen	wir wären geronnen
ihr seid geronnen	ihr wär(e)t geronnen
sie sind geronnen	sie wären geronnen

IMPERATIVE: rinn(e)! rinnen wir! rinnt! rinnen Sie!

rufen [strong, *haben*] **106**
to shout, call

PRESENT PARTICIPLE	PAST PARTICIPLE
rufend	gerufen

PRESENT INDICATIVE	PRESENT SUBJUNCTIVE
ich rufe	ich rufe
du rufst	du rufest
er ruft	er rufe
wir rufen	wir rufen
ihr ruft	ihr rufet
sie rufen	sie rufen
IMPERFECT INDICATIVE	**IMPERFECT SUBJUNCTIVE**
ich rief	ich riefe
du riefst	du riefest
er rief	er riefe
wir riefen	wir riefen
ihr rieft	ihr riefet
sie riefen	sie riefen
FUTURE INDICATIVE	**CONDITIONAL**
ich werde rufen	ich würde rufen
du wirst rufen	du würdest rufen
er wird rufen	er würde rufen
wir werden rufen	wir würden rufen
ihr werdet rufen	ihr würdet rufen
sie werden rufen	sie würden rufen
PERFECT INDICATIVE	**PLUPERFECT SUBJUNCTIVE**
ich habe gerufen	ich hätte gerufen
du hast gerufen	du hättest gerufen
er hat gerufen	er hätte gerufen
wir haben gerufen	wir hätten gerufen
ihr habt gerufen	ihr hättet gerufen
sie haben gerufen	sie hätten gerufen

IMPERATIVE: ruf(e)! rufen wir! ruft! rufen Sie!

107 saufen [strong, *haben*]
to drink

PRESENT PARTICIPLE	PAST PARTICIPLE
saufend	gesoffen

PRESENT INDICATIVE	PRESENT SUBJUNCTIVE
ich saufe	ich saufe
du säufst	du saufest
er säuft	er saufe
wir saufen	wir saufen
ihr sauft	ihr saufet
sie saufen	sie saufen
IMPERFECT INDICATIVE	**IMPERFECT SUBJUNCTIVE**
ich soff	ich söffe
du soffst	du söffest
er soff	er söffe
wir soffen	wir söffen
ihr sofft	ihr söffet
sie soffen	sie söffen
FUTURE INDICATIVE	**CONDITIONAL**
ich werde saufen	ich würde saufen
du wirst saufen	du würdest saufen
er wird saufen	er würde saufen
wir werden saufen	wir würden saufen
ihr werdet saufen	ihr würdet saufen
sie werden saufen	sie würden saufen
PERFECT INDICATIVE	**PLUPERFECT SUBJUNCTIVE**
ich habe gesoffen	ich hätte gesoffen
du hast gesoffen	du hättest gesoffen
er hat gesoffen	er hätte gesoffen
wir haben gesoffen	wir hätten gesoffen
ihr habt gesoffen	ihr hättet gesoffen
sie haben gesoffen	sie hätten gesoffen

IMPERATIVE: sauf(e)! saufen wir! sauft! saufen Sie!

saugen* [strong, *haben*]
to suck

PRESENT PARTICIPLE	PAST PARTICIPLE
saugend	gesogen

PRESENT INDICATIVE	PRESENT SUBJUNCTIVE
ich sauge	ich sauge
du saugst	du saugest
er saugt	er sauge
wir saugen	wir saugen
ihr saugt	ihr sauget
sie saugen	sie saugen
IMPERFECT INDICATIVE	**IMPERFECT SUBJUNCTIVE**
ich sog	ich söge
du sogst	du sögest
er sog	er söge
wir sogen	wir sögen
ihr sogt	ihr söget
sie sogen	sie sögen
FUTURE INDICATIVE	**CONDITIONAL**
ich werde saugen	ich würde saugen
du wirst saugen	du würdest saugen
er wird saugen	er würde saugen
wir werden saugen	wir würden saugen
ihr werdet saugen	ihr würdet saugen
sie werden saugen	sie würden saugen
PERFECT INDICATIVE	**PLUPERFECT SUBJUNCTIVE**
ich habe gesogen	ich hätte gesogen
du hast gesogen	du hättest gesogen
er hat gesogen	er hätte gesogen
wir haben gesogen	wir hätten gesogen
ihr habt gesogen	ihr hättet gesogen
sie haben gesogen	sie hätten gesogen

IMPERATIVE: saug(e)! saugen wir! saugt! saugen Sie!
**Can also be conjugated as a weak verb, see pp. 5ff.*

109 schaffen* [strong, *haben*]

to create

PRESENT PARTICIPLE	PAST PARTICIPLE
schaffend	geschaffen

PRESENT INDICATIVE	PRESENT SUBJUNCTIVE
ich schaffe	ich schaffe
du schaffst	du schaffest
er schafft	er schaffe
wir schaffen	wir schaffen
ihr schafft	ihr schaffet
sie schaffen	sie schaffen
IMPERFECT INDICATIVE	**IMPERFECT SUBJUNCTIVE**
ich schuf	ich schüfe
du schufst	du schüfest
er schuf	er schüfe
wir schufen	wir schüfen
ihr schuft	ihr schüfet
sie schufen	sie schüfen
FUTURE INDICATIVE	**CONDITIONAL**
ich werde schaffen	ich würde schaffen
du wirst schaffen	du würdest schaffen
er wird schaffen	er würde schaffen
wir werden schaffen	wir würden schaffen
ihr werdet schaffen	ihr würdet schaffen
sie werden schaffen	sie würden schaffen
PERFECT INDICATIVE	**PLUPERFECT SUBJUNCTIVE**
ich habe geschaffen	ich hätte geschaffen
du hast geschaffen	du hättest geschaffen
er hat geschaffen	er hätte geschaffen
wir haben geschaffen	wir hätten geschaffen
ihr habt geschaffen	ihr hättet geschaffen
sie haben geschaffen	sie hätten geschaffen

IMPERATIVE: schaff(e)! schaffen wir! schafft! schaffen Sie!

**Conjugated as a weak verb when the meaning is "to manage".*

schallen* [weak/strong, *haben*] 110

to resound

PRESENT PARTICIPLE	PAST PARTICIPLE
schallend	geschollen

PRESENT INDICATIVE	PRESENT SUBJUNCTIVE
ich schalle	ich schalle
du schallst	du schallest
er schallt	er schalle
wir schallen	wir schallen
ihr schallt	ihr schallet
sie schallen	sie schallen
IMPERFECT INDICATIVE	**IMPERFECT SUBJUNCTIVE**
ich scholl	ich schölle
du schollst	du schöllest
er scholl	er schölle
wir schollen	wir schöllen
ihr schollt	ihr schöllet
sie schollen	sie schöllen
FUTURE INDICATIVE	**CONDITIONAL**
ich werde schallen	ich würde schallen
du wirst schallen	du würdest schallen
er wird schallen	er würde schallen
wir werden schallen	wir würden schallen
ihr werdet schallen	ihr würdet schallen
sie werden schallen	sie würden schallen
PERFECT INDICATIVE	**PLUPERFECT SUBJUNCTIVE**
ich habe geschollen	ich hätte geschollen
du hast geschollen	du hättest geschollen
er hat geschollen	er hätte geschollen
wir haben geschollen	wir hätten geschollen
ihr habt geschollen	ihr hättet geschollen
sie haben geschollen	sie hätten geschollen

IMPERATIVE: schall(e)! schallen wir! schallt! schallen Sie!
**This verb is normally weak:* schallte, geschallt.

111 scheiden [strong, *haben/sein*]

to separate/to part

PRESENT PARTICIPLE	PAST PARTICIPLE
scheidend	geschieden

PRESENT INDICATIVE	PRESENT SUBJUNCTIVE
ich scheide	ich scheide
du scheidest	du scheidest
er scheidet	er scheide
wir scheiden	wir scheiden
ihr scheidet	ihr scheidet
sie scheiden	sie scheiden
IMPERFECT INDICATIVE	**IMPERFECT SUBJUNCTIVE**
ich schied	ich schiede
du schiedst	du schiedest
er schied	er schiede
wir schieden	wir schieden
ihr schiedet	ihr schiedet
sie schieden	sie schieden
FUTURE INDICATIVE	**CONDITIONAL**
ich werde scheiden	ich würde scheiden
du wirst scheiden	du würdest scheiden
er wird scheiden	er würde scheiden
wir werden scheiden	wir würden scheiden
ihr werdet scheiden	ihr würdet scheiden
sie werden scheiden	sie würden scheiden
PERFECT INDICATIVE	**PLUPERFECT SUBJUNCTIVE**
ich habe geschieden*	ich hätte geschieden*
du hast geschieden	du hättest geschieden
er hat geschieden	er hätte geschieden
wir haben geschieden	wir hätten geschieden
ihr habt geschieden	ihr hättet geschieden
sie haben geschieden	sie hätten geschieden

IMPERATIVE: scheid(e)! scheiden wir! scheidet! scheiden Sie!
OR: ich bin/wäre geschieden *etc when the meaning is "to part"*.

scheinen [strong, *haben*] **112**

to shine; to seem

PRESENT PARTICIPLE	PAST PARTICIPLE
scheinend	geschienen

PRESENT INDICATIVE	PRESENT SUBJUNCTIVE
ich scheine	ich scheine
du scheinst	du scheinest
er scheint	er scheine
wir scheinen	wir scheinen
ihr scheint	ihr scheinet
sie scheinen	sie scheinen
IMPERFECT INDICATIVE	**IMPERFECT SUBJUNCTIVE**
ich schien	ich schiene
du schienst	du schienest
er schien	er schiene
wir schienen	wir schienen
ihr schient	ihr schienet
sie schienen	sie schienen
FUTURE INDICATIVE	**CONDITIONAL**
ich werde scheinen	ich würde scheinen
du wirst scheinen	du würdest scheinen
er wird scheinen	er würde scheinen
wir werden scheinen	wir würden scheinen
ihr werdet scheinen	ihr würdet scheinen
sie werden scheinen	sie würden scheinen
PERFECT INDICATIVE	**PLUPERFECT SUBJUNCTIVE**
ich habe geschienen	ich hätte geschienen
du hast geschienen	du hättest geschienen
er hat geschienen	er hätte geschienen
wir haben geschienen	wir hätten geschienen
ihr habt geschienen	ihr hättet geschienen
sie haben geschienen	sie hätten geschienen

IMPERATIVE: schein(e)! scheinen wir! scheint! scheinen Sie!

113 schelten [strong, *haben*]
to scold

PRESENT PARTICIPLE	PAST PARTICIPLE
scheltend	gescholten

PRESENT INDICATIVE	**PRESENT SUBJUNCTIVE**
ich schelte	ich schelte
du schiltst	du scheltest
er schilt	er schelte
wir schelten	wir schelten
ihr scheltet	ihr scheltet
sie schelten	sie schelten
IMPERFECT INDICATIVE	**IMPERFECT SUBJUNCTIVE**
ich schalt	ich schölte
du schaltst	du schöltest
er schalt	er schölte
wir schalten	wir schölten
ihr schaltet	ihr schöltet
sie schalten	sie schölten
FUTURE INDICATIVE	**CONDITIONAL**
ich werde schelten	ich würde schelten
du wirst schelten	du würdest schelten
er wird schelten	er würde schelten
wir werden schelten	wir würden schelten
ihr werdet schelten	ihr würdet schelten
sie werden schelten	sie würden schelten
PERFECT INDICATIVE	**PLUPERFECT SUBJUNCTIVE**
ich habe gescholten	ich hätte gescholten
du hast gescholten	du hättest gescholten
er hat gescholten	er hätte gescholten
wir haben gescholten	wir hätten gescholten
ihr habt gescholten	ihr hättet gescholten
sie haben gescholten	sie hätten gescholten

IMPERATIVE: schilt! schelten wir! scheltet! schelten Sie!

scheren [strong, *haben*] **114**
to shear

PRESENT PARTICIPLE	PAST PARTICIPLE
scherend	geschoren

PRESENT INDICATIVE	**PRESENT SUBJUNCTIVE**
ich schere	ich schere
du scherst	du scherest
er schert	er schere
wir scheren	wir scheren
ihr schert	ihr scheret
sie scheren	sie scheren
IMPERFECT INDICATIVE	**IMPERFECT SUBJUNCTIVE**
ich schor	ich schöre
du schorst	du schörest
er schor	er schöre
wir schoren	wir schören
ihr schort	ihr schöret
sie schoren	sie schören
FUTURE INDICATIVE	**CONDITIONAL**
ich werde scheren	ich würde scheren
du wirst scheren	du würdest scheren
er wird scheren	er würde scheren
wir werden scheren	wir würden scheren
ihr werdet scheren	ihr würdet scheren
sie werden scheren	sie würden scheren
PERFECT INDICATIVE	**PLUPERFECT SUBJUNCTIVE**
ich habe geschoren	ich hätte geschoren
du hast geschoren	du hättest geschoren
er hat geschoren	er hätte geschoren
wir haben geschoren	wir hätten geschoren
ihr habt geschoren	ihr hättet geschoren
sie haben geschoren	sie hätten geschoren

IMPERATIVE: scher(e)! scheren wir! schert! scheren Sie!

115 schieben [strong, *haben*]

to push

PRESENT PARTICIPLE	PAST PARTICIPLE
schiebend	geschoben

PRESENT INDICATIVE	**PRESENT SUBJUNCTIVE**
ich schiebe	ich schiebe
du schiebst	du schiebest
er schiebt	er schiebe
wir schieben	wir schieben
ihr schiebt	ihr schiebet
sie schieben	sie schieben
IMPERFECT INDICATIVE	**IMPERFECT SUBJUNCTIVE**
ich schob	ich schöbe
du schobst	du schöbest
er schob	er schöbe
wir schoben	wir schöben
ihr schobt	ihr schöbet
sie schoben	sie schöben
FUTURE INDICATIVE	**CONDITIONAL**
ich werde schieben	ich würde schieben
du wirst schieben	du würdest schieben
er wird schieben	er würde schieben
wir werden schieben	wir würden schieben
ihr werdet schieben	ihr würdet schieben
sie werden schieben	sie würden schieben
PERFECT INDICATIVE	**PLUPERFECT SUBJUNCTIVE**
ich habe geschoben	ich hätte geschoben
du hast geschoben	du hättest geschoben
er hat geschoben	er hätte geschoben
wir haben geschoben	wir hätten geschoben
ihr habt geschoben	ihr hättet geschoben
sie haben geschoben	sie hätten geschoben

IMPERATIVE: schieb(e)! schieben wir! schiebt! schieben Sie!

schießen [strong, *haben*]
to shoot

PRESENT PARTICIPLE	PAST PARTICIPLE
schießend	geschossen

PRESENT INDICATIVE	PRESENT SUBJUNCTIVE
ich schieße	ich schieße
du schießt	du schießest
er schießt	er schieße
wir schießen	wir schießen
ihr schießt	ihr schießet
sie schießen	sie schießen
IMPERFECT INDICATIVE	**IMPERFECT SUBJUNCTIVE**
ich schoß	ich schösse
du schossest	du schössest
er schoß	er schösse
wir schossen	wir schössen
ihr schoßt	ihr schösset
sie schossen	sie schössen
FUTURE INDICATIVE	**CONDITIONAL**
ich werde schießen	ich würde schießen
du wirst schießen	du würdest schießen
er wird schießen	er würde schießen
wir werden schießen	wir würden schießen
ihr werdet schießen	ihr würdet schießen
sie werden schießen	sie würden schießen
PERFECT INDICATIVE	**PLUPERFECT SUBJUNCTIVE**
ich habe geschossen	ich hätte geschossen
du hast geschossen	du hättest geschossen
er hat geschossen	er hätte geschossen
wir haben geschossen	wir hätten geschossen
ihr habt geschossen	ihr hättet geschossen
sie haben geschossen	sie hätten geschossen

IMPERATIVE: schieß(e)! schießen wir! schießt! schießen Sie!

117 schlafen [strong, *haben*]
to sleep

PRESENT PARTICIPLE	PAST PARTICIPLE
schlafend	geschlafen

PRESENT INDICATIVE	**PRESENT SUBJUNCTIVE**
ich schlafe	ich schlafe
du schläfst	du schlafest
er schläft	er schlafe
wir schlafen	wir schlafen
ihr schlaft	ihr schlafet
sie schlafen	sie schlafen
IMPERFECT INDICATIVE	**IMPERFECT SUBJUNCTIVE**
ich schlief	ich schliefe
du schliefst	du schliefest
er schlief	er schliefe
wir schliefen	wir schliefen
ihr schlieft	ihr schliefet
sie schliefen	sie schliefen
FUTURE INDICATIVE	**CONDITIONAL**
ich werde schlafen	ich würde schlafen
du wirst schlafen	du würdest schlafen
er wird schlafen	er würde schlafen
wir werden schlafen	wir würden schlafen
ihr werdet schlafen	ihr würdet schlafen
sie werden schlafen	sie würden schlafen
PERFECT INDICATIVE	**PLUPERFECT SUBJUNCTIVE**
ich habe geschlafen	ich hätte geschlafen
du hast geschlafen	du hättest geschlafen
er hat geschlafen	er hätte geschlafen
wir haben geschlafen	wir hätten geschlafen
ihr habt geschlafen	ihr hättet geschlafen
sie haben geschlafen	sie hätten geschlafen

IMPERATIVE: schlaf(e)! schlafen wir! schlaft! schlafen Sie!

schlagen [strong, *haben*] to hit

PRESENT PARTICIPLE	PAST PARTICIPLE
schlagend	geschlagen

PRESENT INDICATIVE	PRESENT SUBJUNCTIVE
ich schlage	ich schlage
du schlägst	du schlagest
er schlägt	er schlage
wir schlagen	wir schlagen
ihr schlagt	ihr schlaget
sie schlagen	sie schlagen
IMPERFECT INDICATIVE	**IMPERFECT SUBJUNCTIVE**
ich schlug	ich schlüge
du schlugst	du schlügest
er schlug	er schlüge
wir schlugen	wir schlügen
ihr schlugt	ihr schlüget
sie schlugen	sie schlügen
FUTURE INDICATIVE	**CONDITIONAL**
ich werde schlagen	ich würde schlagen
du wirst schlagen	du würdest schlagen
er wird schlagen	er würde schlagen
wir werden schlagen	wir würden schlagen
ihr werdet schlagen	ihr würdet schlagen
sie werden schlagen	sie würden schlagen
PERFECT INDICATIVE	**PLUPERFECT SUBJUNCTIVE**
ich habe geschlagen	ich hätte geschlagen
du hast geschlagen	du hättest geschlagen
er hat geschlagen	er hätte geschlagen
wir haben geschlagen	wir hätten geschlagen
ihr habt geschlagen	ihr hättet geschlagen
sie haben geschlagen	sie hätten geschlagen

IMPERATIVE: schlag(e)! schlagen wir! schlagt! schlagen Sie!

119 schleichen [strong, *sein*]
to creep

PRESENT PARTICIPLE	PAST PARTICIPLE
schleichend	geschlichen

PRESENT INDICATIVE	**PRESENT SUBJUNCTIVE**
ich schleiche	ich schleiche
du schleichst	du schleichest
er schleicht	er schleiche
wir schleichen	wir schleichen
ihr schleicht	ihr schleichet
sie schleichen	sie schleichen
IMPERFECT INDICATIVE	**IMPERFECT SUBJUNCTIVE**
ich schlich	ich schliche
du schlichst	du schlichest
er schlich	er schliche
wir schlichen	wir schlichen
ihr schlicht	ihr schlichet
sie schlichen	sie schlichen
FUTURE INDICATIVE	**CONDITIONAL**
ich werde schleichen	ich würde schleichen
du wirst schleichen	du würdest schleichen
er wird schleichen	er würde schleichen
wir werden schleichen	wir würden schleichen
ihr werdet schleichen	ihr würdet schleichen
sie werden schleichen	sie würden schleichen
PERFECT INDICATIVE	**PLUPERFECT SUBJUNCTIVE**
ich bin geschlichen	ich wäre geschlichen
du bist geschlichen	du wär(e)st geschlichen
er ist geschlichen	er wäre geschlichen
wir sind geschlichen	wir wären geschlichen
ihr seid geschlichen	ihr wär(e)t geschlichen
sie sind geschlichen	sie wären geschlichen

IMPERATIVE: schleich(e)! schleichen wir! schleicht! schleichen Sie!

schleifen [strong, *haben*]
to drag

PRESENT PARTICIPLE	PAST PARTICIPLE
schleifend	geschliffen

PRESENT INDICATIVE	PRESENT SUBJUNCTIVE
ich schleife	ich schleife
du schleifst	du schleifest
er schleift	er schleife
wir schleifen	wir schleifen
ihr schleift	ihr schleift
sie schleifen	sie schleifen
IMPERFECT INDICATIVE	**IMPERFECT SUBJUNCTIVE**
ich schliff	ich schliffe
du schliffst	du schliffest
er schliff	er schliffe
wir schliffen	wir schliffen
ihr schlifft	ihr schliffet
sie schliffen	sie schliffen
FUTURE INDICATIVE	**CONDITIONAL**
ich werde schleifen	ich würde schleifen
du wirst schleifen	du würdest schleifen
er wird schleifen	er würde schleifen
wir werden schleifen	wir würden schleifen
ihr werdet schleifen	ihr würdet schleifen
sie werden schleifen	sie würden schleifen
PERFECT INDICATIVE	**PLUPERFECT SUBJUNCTIVE**
ich habe geschliffen	ich hätte geschliffen
du hast geschliffen	du hättest geschliffen
er hat geschliffen	er hätte geschliffen
wir haben geschliffen	wir hätten geschliffen
ihr habt geschliffen	ihr hättet geschliffen
sie haben geschliffen	sie hätten geschliffen

IMPERATIVE: schleif(e)! schleifen wir! schleift! schleifen Sie!

121 schließen [strong, *haben*]

to close

PRESENT PARTICIPLE	PAST PARTICIPLE
schließend	geschlossen

PRESENT INDICATIVE	PRESENT SUBJUNCTIVE
ich schließe	ich schließe
du schließt	du schließest
er schließt	er schließe
wir schließen	wir schließen
ihr schließt	ihr schließet
sie schließen	sie schließen
IMPERFECT INDICATIVE	**IMPERFECT SUBJUNCTIVE**
ich schloß	ich schlösse
du schlossest	du schlössest
er schloß	er schlösse
wir schlossen	wir schlössen
ihr schloßt	ihr schlösset
sie schlossen	sie schlössen
FUTURE INDICATIVE	**CONDITIONAL**
ich werde schließen	ich würde schließen
du wirst schließen	du würdest schließen
er wird schließen	er würde schließen
wir werden schließen	wir würden schließen
ihr werdet schließen	ihr würdet schließen
sie werden schließen	sie würden schließen
PERFECT INDICATIVE	**PLUPERFECT SUBJUNCTIVE**
ich habe geschlossen	ich hätte geschlossen
du hast geschlossen	du hättest geschlossen
er hat geschlossen	er hätte geschlossen
wir haben geschlossen	wir hätten geschlossen
ihr habt geschlossen	ihr hättet geschlossen
sie haben geschlossen	sie hätten geschlossen

IMPERATIVE: schließ(e)! schließen wir! schließt! schließen Sie!

schlingen [strong, *haben*]
to wind

PRESENT PARTICIPLE	PAST PARTICIPLE
schlingend	geschlungen

PRESENT INDICATIVE	PRESENT SUBJUNCTIVE
ich schlinge	ich schlinge
du schlingst	du schlingest
er schlingt	er schlinge
wir schlingen	wir schlingen
ihr schlingt	ihr schlinget
sie schlingen	sie schlingen
IMPERFECT INDICATIVE	**IMPERFECT SUBJUNCTIVE**
ich schlang	ich schlänge
du schlangst	du schlängest
er schlang	er schlänge
wir schlangen	wir schlängen
ihr schlangt	ihr schlänget
sie schlangen	sie schlängen
FUTURE INDICATIVE	**CONDITIONAL**
ich werde schlingen	ich würde schlingen
du wirst schlingen	du würdest schlingen
er wird schlingen	er würde schlingen
wir werden schlingen	wir würden schlingen
ihr werdet schlingen	ihr würdet schlingen
sie werden schlingen	sie würden schlingen
PERFECT INDICATIVE	**PLUPERFECT SUBJUNCTIVE**
ich habe geschlungen	ich hätte geschlungen
du hast geschlungen	du hättest geschlungen
er hat geschlungen	er hätte geschlungen
wir haben geschlungen	wir hätten geschlungen
ihr habt geschlungen	ihr hättet geschlungen
sie haben geschlungen	sie hätten geschlungen

IMPERATIVE: schling(e)! schlingen wir! schlingt! schlingen Sie!

123 schmeißen [strong, *haben*]
to fling

PRESENT PARTICIPLE	PAST PARTICIPLE
schmeißend	geschmissen

PRESENT INDICATIVE	PRESENT SUBJUNCTIVE
ich schmeiße	ich schmeiße
du schmeißt	du schmeißest
er schmeißt	er schmeiße
wir schmeißen	wir schmeißen
ihr schmeißt	ihr schmeißet
sie schmeißen	sie schmeißen
IMPERFECT INDICATIVE	**IMPERFECT SUBJUNCTIVE**
ich schmiß	ich schmisse
du schmissest	du schmissest
er schmiß	er schmisse
wir schmissen	wir schmissen
ihr schmißt	ihr schmisset
sie schmissen	sie schmissen
FUTURE INDICATIVE	**CONDITIONAL**
ich werde schmeißen	ich würde schmeißen
du wirst schmeißen	du würdest schmeißen
er wird schmeißen	er würde schmeißen
wir werden schmeißen	wir würden schmeißen
ihr werdet schmeißen	ihr würdet schmeißen
sie werden schmeißen	sie würden schmeißen
PERFECT INDICATIVE	**PLUPERFECT SUBJUNCTIVE**
ich habe geschmissen	ich hätte geschmissen
du hast geschmissen	du hättest geschmissen
er hat geschmissen	er hätte geschmissen
wir haben geschmissen	wir hätten geschmissen
ihr habt geschmissen	ihr hättet geschmissen
sie haben geschmissen	sie hätten geschmissen

IMPERATIVE: schmeiß(e)! schmeißen wir! schmeißt! schmeißen Sie!

schmelzen [strong, *haben/sein*] 124

to melt (*transitive/intransitive*)

PRESENT PARTICIPLE	PAST PARTICIPLE
schmelzend	geschmolzen

PRESENT INDICATIVE	PRESENT SUBJUNCTIVE
ich schmelze	ich schmelze
du schmilzt	du schmelzest
er schmilzt	er schmelze
wir schmelzen	wir schmelzen
ihr schmelzt	ihr schmelzet
sie schmelzen	sie schmelzen
IMPERFECT INDICATIVE	**IMPERFECT SUBJUNCTIVE**
ich schmolz	ich schmölze
du schmolzest	du schmölzest
er schmolz	er schmölze
wir schmolzen	wir schmölzen
ihr schmolzt	ihr schmölzet
sie schmolzen	sie schmölzen
FUTURE INDICATIVE	**CONDITIONAL**
ich werde schmelzen	ich würde schmelzen
du wirst schmelzen	du würdest schmelzen
er wird schmelzen	er würde schmelzen
wir werden schmelzen	wir würden schmelzen
ihr werdet schmelzen	ihr würdet schmelzen
sie werden schmelzen	sie würden schmelzen
PERFECT INDICATIVE	**PLUPERFECT SUBJUNCTIVE**
ich habe geschmolzen	ich hätte geschmolzen
du hast geschmolzen	du hättest geschmolzen
er hat geschmolzen	er hätte geschmolzen
wir haben geschmolzen	wir hätten geschmolzen
ihr habt geschmolzen	ihr hättet geschmolzen
sie haben geschmolzen	sie hätten geschmolzen

IMPERATIVE: schmilz! schmelzen wir! schmelzt! schmelzen Sie!

125 **schneiden** [strong, *haben*]
to cut

PRESENT PARTICIPLE	PAST PARTICIPLE
schneidend	geschnitten

PRESENT INDICATIVE	PRESENT SUBJUNCTIVE
ich schneide	ich schneide
du schneidest	du schneidest
er schneidet	er schneide
wir schneiden	wir schneiden
ihr schneidet	ihr schneidet
sie schneiden	sie schneiden
IMPERFECT INDICATIVE	**IMPERFECT SUBJUNCTIVE**
ich schnitt	ich schnitte
du schnittst	du schnittest
er schnitt	er schnitte
wir schnitten	wir schnitten
ihr schnittet	ihr schnittet
sie schnitten	sie schnitten
FUTURE INDICATIVE	**CONDITIONAL**
ich werde schneiden	ich würde schneiden
du wirst schneiden	du würdest schneiden
er wird schneiden	er würde schneiden
wir werden schneiden	wir würden schneiden
ihr werdet schneiden	ihr würdet schneiden
sie werden schneiden	sie würden schneiden
PERFECT INDICATIVE	**PLUPERFECT SUBJUNCTIVE**
ich habe geschnitten	ich hätte geschnitten
du hast geschnitten	du hättest geschnitten
er hat geschnitten	er hätte geschnitten
wir haben geschnitten	wir hätten geschnitten
ihr habt geschnitten	ihr hättet geschnitten
sie haben geschnitten	sie hätten geschnitten

IMPERATIVE: schneid(e)! schneiden wir! schneidet! schneiden Sie!

schreiben [strong, *haben*] 126

to write

PRESENT PARTICIPLE	PAST PARTICIPLE
schreibend	geschrieben

PRESENT INDICATIVE	PRESENT SUBJUNCTIVE
ich schreibe	ich schreibe
du schreibst	du schreibest
er schreibt	er schreibe
wir schreiben	wir schreiben
ihr schreibt	ihr schreibet
sie schreiben	sie schreiben
IMPERFECT INDICATIVE	**IMPERFECT SUBJUNCTIVE**
ich schrieb	ich schriebe
du schriebst	du schriebest
er schrieb	er schriebe
wir schrieben	wir schrieben
ihr schriebt	ihr schriebet
sie schrieben	sie schrieben
FUTURE INDICATIVE	**CONDITIONAL**
ich werde schreiben	ich würde schreiben
du wirst schreiben	du würdest schreiben
er wird schreiben	er würde schreiben
wir werden schreiben	wir würden schreiben
ihr werdet schreiben	ihr würdet schreiben
sie werden schreiben	sie würden schreiben
PERFECT INDICATIVE	**PLUPERFECT SUBJUNCTIVE**
ich habe geschrieben	ich hätte geschrieben
du hast geschrieben	du hättest geschrieben
er hat geschrieben	er hätte geschrieben
wir haben geschrieben	wir hätten geschrieben
ihr habt geschrieben	ihr hättet geschrieben
sie haben geschrieben	sie hätten geschrieben

IMPERATIVE: schreib(e)! schreiben wir! schreibt! schreiben Sie!

127 schreien [strong, *haben*]
to shout

PRESENT PARTICIPLE	PAST PARTICIPLE
schreiend	geschrie(e)n

PRESENT INDICATIVE	PRESENT SUBJUNCTIVE
ich schreie	ich schreie
du schreist	du schreiest
er schreit	er schreie
wir schreien	wir schreien
ihr schreit	ihr schreiet
sie schreien	sie schreien
IMPERFECT INDICATIVE	**IMPERFECT SUBJUNCTIVE**
ich schrie	ich schriee
du schriest	du schrieest
er schrie	er schriee
wir schrieen	wir schrieen
ihr schriet	ihr schrieet
sie schrieen	sie schrieen
FUTURE INDICATIVE	**CONDITIONAL**
ich werde schreien	ich würde schreien
du wirst schreien	du würdest schreien
er wird schreien	er würde schreien
wir werden schreien	wir würden schreien
ihr werdet schreien	ihr würdet schreien
sie werden schreien	sie würden schreien
PERFECT INDICATIVE	**PLUPERFECT SUBJUNCTIVE**
ich habe geschrie(e)n	ich hätte geschrie(e)n
du hast geschrie(e)n	du hättest geschrie(e)n
er hat geschrie(e)n	er hätte geschrie(e)n
wir haben geschrie(e)n	wir hätten geschrie(e)n
ihr habt geschrie(e)n	ihr hättet geschrie(e)n
sie haben geschrie(e)n	sie hätten geschrie(e)n

IMPERATIVE: schrei(e)! schreien wir! schreit! schreien Sie!

schreiten [strong, *sein*]
to stride

PRESENT PARTICIPLE	PAST PARTICIPLE
schreitend	geschritten

PRESENT INDICATIVE	PRESENT SUBJUNCTIVE
ich schreite	ich schreite
du schreitest	du schreitest
er schreitet	er schreite
wir schreiten	wir schreiten
ihr schreitet	ihr schreitet
sie schreiten	sie schreiten
IMPERFECT INDICATIVE	**IMPERFECT SUBJUNCTIVE**
ich schritt	ich schritte
du schrittst	du schrittest
er schritt	er schritte
wir schritten	wir schritten
ihr schrittet	ihr schrittet
sie schritten	sie schritten
FUTURE INDICATIVE	**CONDITIONAL**
ich werde schreiten	ich würde schreiten
du wirst schreiten	du würdest schreiten
er wird schreiten	er würde schreiten
wir werden schreiten	wir würden schreiten
ihr werdet schreiten	ihr würdet schreiten
sie werden schreiten	sie würden schreiten
PERFECT INDICATIVE	**PLUPERFECT SUBJUNCTIVE**
ich bin geschritten	ich wäre geschritten
du bist geschritten	du wär(e)st geschritten
er ist geschritten	er wäre geschritten
wir sind geschritten	wir wären geschritten
ihr seid geschritten	ihr wär(e)t geschritten
sie sind geschritten	sie wären geschritten

IMPERATIVE: schreit(e)! schreiten wir! schreitet! schreiten Sie!

129 **schweigen** [strong, *haben*]
to be silent

PRESENT PARTICIPLE	PAST PARTICIPLE
schweigend	geschwiegen

PRESENT INDICATIVE	PRESENT SUBJUNCTIVE
ich schweige	ich schweige
du schweigst	du schweigest
er schweigt	er schweige
wir schweigen	wir schweigen
ihr schweigt	ihr schweiget
sie schweigen	sie schweigen
IMPERFECT INDICATIVE	**IMPERFECT SUBJUNCTIVE**
ich schwieg	ich schwiege
du schwiegst	du schwiegest
er schwieg	er schwiege
wir schwiegen	wir schwiegen
ihr schwiegt	ihr schwieget
sie schwiegen	sie schwiegen
FUTURE INDICATIVE	**CONDITIONAL**
ich werde schweigen	ich würde schweigen
du wirst schweigen	du würdest schweigen
er wird schweigen	er würde schweigen
wir werden schweigen	wir würden schweigen
ihr werdet schweigen	ihr würdet schweigen
sie werden schweigen	sie würden schweigen
PERFECT INDICATIVE	**PLUPERFECT SUBJUNCTIVE**
ich habe geschwiegen	ich hätte geschwiegen
du hast geschwiegen	du hättest geschwiegen
er hat geschwiegen	er hätte geschwiegen
wir haben geschwiegen	wir hätten geschwiegen
ihr habt geschwiegen	ihr hättet geschwiegen
sie haben geschwiegen	sie hätten geschwiegen

IMPERATIVE: schweig(e)! schweigen wir! schweigt! schweigen Sie!

schwellen [strong, *sein*]
to swell

PRESENT PARTICIPLE	PAST PARTICIPLE
schwellend	geschwollen

PRESENT INDICATIVE	PRESENT SUBJUNCTIVE
ich schwelle	ich schwelle
du schwillst	du schwellest
er schwillt	er schwelle
wir schwellen	wir schwellen
ihr schwellt	ihr schwellet
sie schwellen	sie schwellen
IMPERFECT INDICATIVE	**IMPERFECT SUBJUNCTIVE**
ich schwoll	ich schwölle
du schwollst	du schwöllest
er schwoll	er schwölle
wir schwollen	wir schwöllen
ihr schwollt	ihr schwöllet
sie schwollen	sie schwöllen
FUTURE INDICATIVE	**CONDITIONAL**
ich werde schwellen	ich würde schwellen
du wirst schwellen	du würdest schwellen
er wird schwellen	er würde schwellen
wir werden schwellen	wir würden schwellen
ihr werdet schwellen	ihr würdet schwellen
sie werden schwellen	sie würden schwellen
PERFECT INDICATIVE	**PLUPERFECT SUBJUNCTIVE**
ich bin geschwollen	ich wäre geschwollen
du bist geschwollen	du wär(e)st geschwollen
er ist geschwollen	er wäre geschwollen
wir sind geschwollen	wir wären geschwollen
ihr seid geschwollen	ihr wär(e)t geschwollen
sie sind geschwollen	sie wären geschwollen

IMPERATIVE: schwill! schwellen wir! schwellt! schwellen Sie!

131 **schwimmen** [strong, *sein*]
to swim

PRESENT PARTICIPLE	PAST PARTICIPLE
schwimmend	geschwommen

PRESENT INDICATIVE	PRESENT SUBJUNCTIVE
ich schwimme	ich schwimme
du schwimmst	du schwimmest
er schwimmt	er schwimme
wir schwimmen	wir schwimmen
ihr schwimmt	ihr schwimmet
sie schwimmen	sie schwimmen
IMPERFECT INDICATIVE	IMPERFECT SUBJUNCTIVE
ich schwamm	ich schwömme
du schwammst	du schwömmest
er schwamm	er schwömme
wir schwammen	wir schwömmen
ihr schwammt	ihr schwömmet
sie schwammen	sie schwömmen
FUTURE INDICATIVE	CONDITIONAL
ich werde schwimmen	ich würde schwimmen
du wirst schwimmen	du würdest schwimmen
er wird schwimmen	er würde schwimmen
wir werden schwimmen	wir würden schwimmen
ihr werdet schwimmen	ihr würdet schwimmen
sie werden schwimmen	sie würden schwimmen
PERFECT INDICATIVE	PLUPERFECT SUBJUNCTIVE
ich bin geschwommen	ich wäre geschwommen
du bist geschwommen	du wär(e)st geschwommen
er ist geschwommen	er wäre geschwommen
wir sind geschwommen	wir wären geschwommen
ihr seid geschwommen	ihr wär(e)t geschwommen
sie sind geschwommen	sie wären geschwommen

IMPERATIVE: schwimm(e)! schwimmen wir! schwimmt! schwimmen Sie!

schwingen [strong, *haben*]

to swing

PRESENT PARTICIPLE	PAST PARTICIPLE
schwingend	geschwungen

PRESENT INDICATIVE	PRESENT SUBJUNCTIVE
ich schwinge	ich schwinge
du schwingst	du schwingest
er schwingt	er schwinge
wir schwingen	wir schwingen
ihr schwingt	ihr schwinget
sie schwingen	sie schwingen
IMPERFECT INDICATIVE	**IMPERFECT SUBJUNCTIVE**
ich schwang	ich schwänge
du schwangst	du schwängest
er schwang	er schwänge
wir schwangen	wir schwängen
ihr schwangt	ihr schwänget
sie schwangen	sie schwängen
FUTURE INDICATIVE	**CONDITIONAL**
ich werde schwingen	ich würde schwingen
du wirst schwingen	du würdest schwingen
er wird schwingen	er würde schwingen
wir werden schwingen	wir würden schwingen
ihr werdet schwingen	ihr würdet schwingen
sie werden schwingen	sie würden schwingen
PERFECT INDICATIVE	**PLUPERFECT SUBJUNCTIVE**
ich habe geschwungen	ich hätte geschwungen
du hast geschwungen	du hättest geschwungen
er hat geschwungen	er hätte geschwungen
wir haben geschwungen	wir hätten geschwungen
ihr habt geschwungen	ihr hättet geschwungen
sie haben geschwungen	sie hätten geschwungen

IMPERATIVE: schwing(e)! schwingen wir! schwingt! schwingen Sie!

133 schwören [strong, *haben*]
to vow

PRESENT PARTICIPLE	PAST PARTICIPLE
schwörend	geschworen

PRESENT INDICATIVE	PRESENT SUBJUNCTIVE
ich schwöre	ich schwöre
du schwörst	du schwörest
er schwört	er schwöre
wir schwören	wir schwören
ihr schwört	ihr schwöret
sie schwören	sie schwören
IMPERFECT INDICATIVE	**IMPERFECT SUBJUNCTIVE**
ich schwor	ich schwüre
du schworst	du schwürest
er schwor	er schwüre
wir schworen	wir schwüren
ihr schwort	ihr schwüret
sie schworen	sie schwüren
FUTURE INDICATIVE	**CONDITIONAL**
ich werde schwören	ich würde schwören
du wirst schwören	du würdest schwören
er wird schwören	er würde schwören
wir werden schwören	wir würden schwören
ihr werdet schwören	ihr würdet schwören
sie werden schwören	sie würden schwören
PERFECT INDICATIVE	**PLUPERFECT SUBJUNCTIVE**
ich habe geschworen	ich hätte geschworen
du hast geschworen	du hättest geschworen
er hat geschworen	er hätte geschworen
wir haben geschworen	wir hätten geschworen
ihr habt geschworen	ihr hättet geschworen
sie haben geschworen	sie hätten geschworen

IMPERATIVE: schwör(e)! schwören wir! schwört! schwören Sie!

sehen [strong, *haben*]
to see

PRESENT PARTICIPLE	PAST PARTICIPLE
sehend	gesehen

PRESENT INDICATIVE	PRESENT SUBJUNCTIVE
ich sehe	ich sehe
du siehst	du sehest
er sieht	er sehe
wir sehen	wir sehen
ihr seht	ihr sehet
sie sehen	sie sehen
IMPERFECT INDICATIVE	IMPERFECT SUBJUNCTIVE
ich sah	ich sähe
du sahst	du sähest
er sah	er sähe
wir sahen	wir sähen
ihr saht	ihr sähet
sie sahen	sie sähen
FUTURE INDICATIVE	CONDITIONAL
ich werde sehen	ich würde sehen
du wirst sehen	du würdest sehen
er wird sehen	er würde sehen
wir werden sehen	wir würden sehen
ihr werdet sehen	ihr würdet sehen
sie werden sehen	sie würden sehen
PERFECT INDICATIVE	PLUPERFECT SUBJUNCTIVE
ich habe gesehen	ich hätte gesehen
du hast gesehen	du hättest gesehen
er hat gesehen	er hätte gesehen
wir haben gesehen	wir hätten gesehen
ihr habt gesehen	ihr hättet gesehen
sie haben gesehen	sie hätten gesehen

IMPERATIVE: sieh(e)! sehen wir! seht! sehen Sie!

135 sein [strong, *sein*]
to be

PRESENT PARTICIPLE	PAST PARTICIPLE
seiend	gewesen

PRESENT INDICATIVE	PRESENT SUBJUNCTIVE
ich bin	ich sei
du bist	du sei(e)st
er ist	er sei
wir sind	wir seien
ihr seid	ihr seiet
sie sind	sie seien
IMPERFECT INDICATIVE	IMPERFECT SUBJUNCTIVE
ich war	ich wäre
du warst	du wär(e)st
er war	er wäre
wir waren	wir wären
ihr wart	ihr wär(e)t
sie waren	sie wären
FUTURE INDICATIVE	CONDITIONAL
ich werde sein	ich würde sein
du wirst sein	du würdest sein
er wird sein	er würde sein
wir werden sein	wir würden sein
ihr werdet sein	ihr würdet sein
sie werden sein	sie würden sein
PERFECT INDICATIVE	PLUPERFECT SUBJUNCTIVE
ich bin gewesen	ich wäre gewesen
du bist gewesen	du wär(e)st gewesen
er ist gewesen	er wäre gewesen
wir sind gewesen	wir wären gewesen
ihr seid gewesen	ihr wär(e)t gewesen
sie sind gewesen	sie wären gewesen

IMPERATIVE: sei! seien wir! seid! seien Sie!

senden* [mixed, *haben*]
to send

PRESENT PARTICIPLE	PAST PARTICIPLE
sendend	gesandt

PRESENT INDICATIVE	PRESENT SUBJUNCTIVE
ich sende	ich sende
du sendest	du sendest
er sendet	er sende
wir senden	wir senden
ihr sendet	ihr sendet
sie senden	sie senden

IMPERFECT INDICATIVE	IMPERFECT SUBJUNCTIVE
ich sandte	ich sendete
du sandtest	du sendetest
er sandte	er sendete
wir sandten	wir sendeten
ihr sandtet	ihr sendetet
sie sandten	sie sendeten

FUTURE INDICATIVE	CONDITIONAL
ich werde senden	ich würde senden
du wirst senden	du würdest senden
er wird senden	er würde senden
wir werden senden	wir würden senden
ihr werdet senden	ihr würdet senden
sie werden senden	sie würden senden

PERFECT INDICATIVE	PLUPERFECT SUBJUNCTIVE
ich habe gesandt	ich hätte gesandt
du hast gesandt	du hättest gesandt
er hat gesandt	er hätte gesandt
wir haben gesandt	wir hätten gesandt
ihr habt gesandt	ihr hättet gesandt
sie haben gesandt	sie hätten gesandt

IMPERATIVE: send(e)! senden wir! sendet! senden Sie!
**This verb is weak when the meaning is "to broadcast".*

137 singen [strong, *haben*]

to sing

PRESENT PARTICIPLE	PAST PARTICIPLE
singend	gesungen

PRESENT INDICATIVE	PRESENT SUBJUNCTIVE
ich singe	ich singe
du singst	du singest
er singt	er singe
wir singen	wir singen
ihr singt	ihr singet
sie singen	sie singen
IMPERFECT INDICATIVE	**IMPERFECT SUBJUNCTIVE**
ich sang	ich sänge
du sangst	du sängest
er sang	er sänge
wir sangen	wir sängen
ihr sangt	ihr sänget
sie sangen	sie sängen
FUTURE INDICATIVE	**CONDITIONAL**
ich werde singen	ich würde singen
du wirst singen	du würdest singen
er wird singen	er würde singen
wir werden singen	wir würden singen
ihr werdet singen	ihr würdet singen
sie werden singen	sie würden singen
PERFECT INDICATIVE	**PLUPERFECT SUBJUNCTIVE**
ich habe gesungen	ich hätte gesungen
du hast gesungen	du hättest gesungen
er hat gesungen	er hätte gesungen
wir haben gesungen	wir hätten gesungen
ihr habt gesungen	ihr hättet gesungen
sie haben gesungen	sie hätten gesungen

IMPERATIVE: sing(e)! singen wir! singt! singen Sie!

sinken [strong, *sein*] **138**
to sink

PRESENT PARTICIPLE	PAST PARTICIPLE
sinkend	gesunken

PRESENT INDICATIVE
ich sinke
du sinkst
er sinkt
wir sinken
ihr sinkt
sie sinken

IMPERFECT INDICATIVE
ich sank
du sankst
er sank
wir sanken
ihr sankt
sie sanken

FUTURE INDICATIVE
ich werde sinken
du wirst sinken
er wird sinken
wir werden sinken
ihr werdet sinken
sie werden sinken

PERFECT INDICATIVE
ich bin gesunken
du bist gesunken
er ist gesunken
wir sind gesunken
ihr seid gesunken
sie sind gesunken

PRESENT SUBJUNCTIVE
ich sinke
du sinkest
er sinke
wir sinken
ihr sinket
sie sinken

IMPERFECT SUBJUNCTIVE
ich sänke
du sänkest
er sänke
wir sänken
ihr sänket
sie sänken

CONDITIONAL
ich würde sinken
du würdest sinken
er würde sinken
wir würden sinken
ihr würdet sinken
sie würden sinken

PLUPERFECT SUBJUNCTIVE
ich wäre gesunken
du wär(e)st gesunken
er wäre gesunken
wir wären gesunken
ihr wär(e)t gesunken
sie wären gesunken

IMPERATIVE: sink(e)! sinken wir! sinkt! sinken Sie!

139 sinnen [strong, *haben*]
to meditate

PRESENT PARTICIPLE	PAST PARTICIPLE
sinnend	gesonnen

PRESENT INDICATIVE	**PRESENT SUBJUNCTIVE**
ich sinne	ich sinne
du sinnst	du sinnest
er sinnt	er sinne
wir sinnen	wir sinnen
ihr sinnt	ihr sinnet
sie sinnen	sie sinnen
IMPERFECT INDICATIVE	**IMPERFECT SUBJUNCTIVE**
ich sann	ich sänne
du sannst	du sännest
er sann	er sänne
wir sannen	wir sännen
ihr sannt	ihr sännet
sie sannen	sie sännen
FUTURE INDICATIVE	**CONDITIONAL**
ich werde sinnen	ich würde sinnen
du wirst sinnen	du würdest sinnen
er wird sinnen	er würde sinnen
wir werden sinnen	wir würden sinnen
ihr werdet sinnen	ihr würdet sinnen
sie werden sinnen	sie würden sinnen
PERFECT INDICATIVE	**PLUPERFECT SUBJUNCTIVE**
ich habe gesonnen	ich hätte gesonnen
du hast gesonnen	du hättest gesonnen
er hat gesonnen	er hätte gesonnen
wir haben gesonnen	wir hätten gesonnen
ihr habt gesonnen	ihr hättet gesonnen
sie haben gesonnen	sie hätten gesonnen

IMPERATIVE: sinn(e)! sinnen wir! sinnt! sinnen Sie!

sitzen [strong, *haben*]

to sit

PRESENT PARTICIPLE	PAST PARTICIPLE
sitzend	gesessen

PRESENT INDICATIVE	PRESENT SUBJUNCTIVE
ich sitze	ich sitze
du sitzt	du sitzest
er sitzt	er sitze
wir sitzen	wir sitzen
ihr sitzt	ihr sitzet
sie sitzen	sie sitzen
IMPERFECT INDICATIVE	**IMPERFECT SUBJUNCTIVE**
ich saß	ich säße
du saßest	du säßest
er saß	er säße
wir saßen	wir säßen
ihr saßt	ihr säßet
sie saßen	sie säßen
FUTURE INDICATIVE	**CONDITIONAL**
ich werde sitzen	ich würde sitzen
du wirst sitzen	du würdest sitzen
er wird sitzen	er würde sitzen
wir werden sitzen	wir würden sitzen
ihr werdet sitzen	ihr würdet sitzen
sie werden sitzen	sie würden sitzen
PERFECT INDICATIVE	**PLUPERFECT SUBJUNCTIVE**
ich habe gesessen	ich hätte gesessen
du hast gesessen	du hättest gesessen
er hat gesessen	er hätte gesessen
wir haben gesessen	wir hätten gesessen
ihr habt gesessen	ihr hättet gesessen
sie haben gesessen	sie hätten gesessen

IMPERATIVE: sitz(e)! sitzen wir! sitzt! sitzen Sie!

141 sollen [modal, *haben*]
to be to

PRESENT PARTICIPLE	PAST PARTICIPLE
sollend	gesollt/sollen*

PRESENT INDICATIVE	PRESENT SUBJUNCTIVE
ich soll	ich solle
du sollst	du sollest
er soll	er solle
wir sollen	wir sollen
ihr sollt	ihr sollet
sie sollen	sie sollen
IMPERFECT INDICATIVE	**IMPERFECT SUBJUNCTIVE**
ich sollte	ich sollte
du solltest	du solltest
er sollte	er sollte
wir sollten	wir sollten
ihr solltet	ihr solltet
sie sollten	sie sollten
FUTURE INDICATIVE	**CONDITIONAL**
ich werde sollen	ich würde sollen
du wirst sollen	du würdest sollen
er wird sollen	er würde sollen
wir werden sollen	wir würden sollen
ihr werdet sollen	ihr würdet sollen
sie werden sollen	sie würden sollen
PERFECT INDICATIVE	**PLUPERFECT SUBJUNCTIVE**
ich habe gesollt/sollen	ich hätte gesollt/sollen
du hast gesollt/sollen	du hättest gesollt/sollen
er hat gesollt/sollen	er hätte gesollt/sollen
wir haben gesollt/sollen	wir hätten gesollt/sollen
ihr habt gesollt/sollen	ihr hättet gesollt/sollen
sie haben gesollt/sollen	sie hätten gesollt/sollen

**The second form is used when combined with an infinitive construction.*

speien [strong, *haben*]
to spew

PRESENT PARTICIPLE	PAST PARTICIPLE
speiend	gespie(e)en

PRESENT INDICATIVE	PRESENT SUBJUNCTIVE
ich speie	ich speie
du speist	du speiest
er speit	er speie
wir speien	wir speien
ihr speit	ihr speiet
sie speien	sie speien
IMPERFECT INDICATIVE	**IMPERFECT SUBJUNCTIVE**
ich spie	ich spiee
du spiest	du spieest
er spie	er spiee
wir spieen	wir spieen
ihr spiet	ihr spieet
sie spieen	sie spieen
FUTURE INDICATIVE	**CONDITIONAL**
ich werde speien	ich würde speien
du wirst speien	du würdest speien
er wird speien	er würde speien
wir werden speien	wir würden speien
ihr werdet speien	ihr würdet speien
sie werden speien	sie würden speien
PERFECT INDICATIVE	**PLUPERFECT SUBJUNCTIVE**
ich habe gespie(e)n	ich hätte gespie(e)n
du hast gespie(e)n	du hättest gespie(e)n
er hat gespie(e)n	er hätte gespie(e)n
wir haben gespie(e)n	wir hätten gespie(e)n
ihr habt gespie(e)n	ihr hättet gespie(e)n
sie haben gespie(e)n	sie hätten gespie(e)n

IMPERATIVE: spei(e)! speien wir! speit! speien Sie!

143 spinnen [strong, *haben*]

to spin

PRESENT PARTICIPLE	PAST PARTICIPLE
spinnend	gesponnen

PRESENT INDICATIVE	PRESENT SUBJUNCTIVE
ich spinne	ich spinne
du spinnst	du spinnest
er spinnt	er spinne
wir spinnen	wir spinnen
ihr spinnt	ihr spinnet
sie spinnen	sie spinnen
IMPERFECT INDICATIVE	**IMPERFECT SUBJUNCTIVE**
ich spann	ich spönne
du spannst	du spönnest
er spann	er spönne
wir spannen	wir spönnen
ihr spannt	ihr spönnet
sie spannen	sie spönnen
FUTURE INDICATIVE	**CONDITIONAL**
ich werde spinnen	ich würde spinnen
du wirst spinnen	du würdest spinnen
er wird spinnen	er würde spinnen
wir werden spinnen	wir würden spinnen
ihr werdet spinnen	ihr würdet spinnen
sie werden spinnen	sie würden spinnen
PERFECT INDICATIVE	**PLUPERFECT SUBJUNCTIVE**
ich habe gesponnen	ich hätte gesponnen
du hast gesponnen	du hättest gesponnen
er hat gesponnen	er hätte gesponnen
wir haben gesponnen	wir hätten gesponnen
ihr habt gesponnen	ihr hättet gesponnen
sie haben gesponnen	sie hätten gesponnen

IMPERATIVE: spinn(e)! spinnen wir! spinnt! spinnen Sie!

sprechen [strong, *haben*] 144

to speak

PRESENT PARTICIPLE	PAST PARTICIPLE
sprechend	gesprochen

PRESENT INDICATIVE	PRESENT SUBJUNCTIVE
ich spreche	ich spreche
du sprichst	du sprechest
er spricht	er spreche
wir sprechen	wir sprechen
ihr sprecht	ihr sprechet
sie sprechen	sie sprechen
IMPERFECT INDICATIVE	**IMPERFECT SUBJUNCTIVE**
ich sprach	ich spräche
du sprachst	du sprächest
er sprach	er spräche
wir sprachen	wir sprächen
ihr spracht	ihr sprächet
sie sprachen	sie sprächen
FUTURE INDICATIVE	**CONDITIONAL**
ich werde sprechen	ich würde sprechen
du wirst sprechen	du würdest sprechen
er wird sprechen	er würde sprechen
wir werden sprechen	wir würden sprechen
ihr werdet sprechen	ihr würdet sprechen
sie werden sprechen	sie würden sprechen
PERFECT INDICATIVE	**PLUPERFECT SUBJUNCTIVE**
ich habe gesprochen	ich hätte gesprochen
du hast gesprochen	du hättest gesprochen
er hat gesprochen	er hätte gesprochen
wir haben gesprochen	wir hätten gesprochen
ihr habt gesprochen	ihr hättet gesprochen
sie haben gesprochen	sie hätten gesprochen

IMPERATIVE: sprich! sprechen wir! sprecht! sprechen Sie!

145 sprießen [strong, *sein*]
to sprout

PRESENT PARTICIPLE	PAST PARTICIPLE
sprießend	gesprossen

PRESENT INDICATIVE	PRESENT SUBJUNCTIVE
ich sprieße	ich sprieße
du sprießt	du sprießest
er sprießt	er sprieße
wir sprießen	wir sprießen
ihr sprießt	ihr sprießet
sie sprießen	sie sprießen
IMPERFECT INDICATIVE	**IMPERFECT SUBJUNCTIVE**
ich sproß	ich sprösse
du sprossest	du sprössest
er sproß	er sprösse
wir sprossen	wir sprössen
ihr sproßt	ihr sprösset
sie sprossen	sie sprössen
FUTURE INDICATIVE	**CONDITIONAL**
ich werde sprießen	ich würde sprießen
du wirst sprießen	du würdest sprießen
er wird sprießen	er würde sprießen
wir werden sprießen	wir würden sprießen
ihr werdet sprießen	ihr würdet sprießen
sie werden sprießen	sie würden sprießen
PERFECT INDICATIVE	**PLUPERFECT SUBJUNCTIVE**
ich bin gesprossen	ich wäre gesprossen
du bist gesprossen	du wär(e)st gesprossen
er ist gesprossen	er wäre gesprossen
wir sind gesprossen	wir wären gesprossen
ihr seid gesprossen	ihr wär(e)t gesprossen
sie sind gesprossen	sie wären gesprossen

IMPERATIVE: sprieß(e)! sprießen wir! sprießt! sprießen Sie!

springen [strong, *sein*]

to jump

PRESENT PARTICIPLE	PAST PARTICIPLE
springend	gesprungen

PRESENT INDICATIVE	PRESENT SUBJUNCTIVE
ich springe	ich springe
du springst	du springest
er springt	er springe
wir springen	wir springen
ihr springt	ihr springet
sie springen	sie springen
IMPERFECT INDICATIVE	**IMPERFECT SUBJUNCTIVE**
ich sprang	ich spränge
du sprangst	du sprängest
er sprang	er spränge
wir sprangen	wir sprängen
ihr sprangt	ihr spränget
sie sprangen	sie sprängen
FUTURE INDICATIVE	**CONDITIONAL**
ich werde springen	ich würde springen
du wirst springen	du würdest springen
er wird springen	er würde springen
wir werden springen	wir würden springen
ihr werdet springen	ihr würdet springen
sie werden springen	sie würden springen
PERFECT INDICATIVE	**PLUPERFECT SUBJUNCTIVE**
ich bin gesprungen	ich wäre gesprungen
du bist gesprungen	du wär(e)st gesprungen
er ist gesprungen	er wäre gesprungen
wir sind gesprungen	wir wären gesprungen
ihr seid gesprungen	ihr wär(e)t gesprungen
sie sind gesprungen	sie wären gesprungen

IMPERATIVE: spring(e)! springen wir! springt! springen Sie!

147 stechen [strong, *haben*]
to sting, to prick

PRESENT PARTICIPLE	PAST PARTICIPLE
stechend	gestochen

PRESENT INDICATIVE	PRESENT SUBJUNCTIVE
ich steche	ich steche
du stichst	du stechest
er sticht	er steche
wir stechen	wir stechen
ihr stecht	ihr stechet
sie stechen	sie stechen
IMPERFECT INDICATIVE	**IMPERFECT SUBJUNCTIVE**
ich stach	ich stäche
du stachst	du stächest
er stach	er stäche
wir stachen	wir stächen
ihr stacht	ihr stächet
sie stachen	sie stächen
FUTURE INDICATIVE	**CONDITIONAL**
ich werde stechen	ich würde stechen
du wirst stechen	du würdest stechen
er wird stechen	er würde stechen
wir werden stechen	wir würden stechen
ihr werdet stechen	ihr würdet stechen
sie werden stechen	sie würden stechen
PERFECT INDICATIVE	**PLUPERFECT SUBJUNCTIVE**
ich habe gestochen	ich hätte gestochen
du hast gestochen	du hättest gestochen
er hat gestochen	er hätte gestochen
wir haben gestochen	wir hätten gestochen
ihr habt gestochen	ihr hättet gestochen
sie haben gestochen	sie hätten gestochen

IMPERATIVE: stich! stechen wir! stecht! stechen Sie!

stecken* [strong/weak, *haben*]

to be (in a place)/to put *(intransitive/transitive)*

PRESENT PARTICIPLE	PAST PARTICIPLE
steckend	gesteckt

PRESENT INDICATIVE	PRESENT SUBJUNCTIVE
ich stecke	ich stecke
du steckst	du steckest
er steckt	er stecke
wir stecken	wir stecken
ihr steckt	ihr stecket
sie stecken	sie stecken
IMPERFECT INDICATIVE	**IMPERFECT SUBJUNCTIVE**
ich stak	ich stäke
du stakst	du stäkest
er stak	er stäke
wir staken	wir stäken
ihr stakt	ihr stäket
sie staken	sie stäken
FUTURE INDICATIVE	**CONDITIONAL**
ich werde stecken	ich würde stecken
du wirst stecken	du würdest stecken
er wird stecken	er würde stecken
wir werden stecken	wir würden stecken
ihr werdet stecken	ihr würdet stecken
sie werden stecken	sie würden stecken
PERFECT INDICATIVE	**PLUPERFECT SUBJUNCTIVE**
ich habe gesteckt	ich hätte gesteckt
du hast gesteckt	du hättest gesteckt
er hat gesteckt	er hätte gesteckt
wir haben gesteckt	wir hätten gesteckt
ihr habt gesteckt	ihr hättet gesteckt
sie haben gesteckt	sie hätten gesteckt

IMPERATIVE: steck(e)! stecken wir! steckt! stecken Sie!

**This verb when transitive is always weak:* steckte, gesteckt.

149 stehen [strong, *haben*]
to stand

PRESENT PARTICIPLE	PAST PARTICIPLE
stehend	gestanden

PRESENT INDICATIVE	PRESENT SUBJUNCTIVE
ich stehe	ich stehe
du stehst	du stehest
er steht	er stehe
wir stehen	wir stehen
ihr steht	ihr stehet
sie stehen	sie stehen
IMPERFECT INDICATIVE	**IMPERFECT SUBJUNCTIVE**
ich stand	ich stünde
du standst	du stündest
er stand	er stünde
wir standen	wir stünden
ihr standet	ihr stündet
sie standen	sie stünden
FUTURE INDICATIVE	**CONDITIONAL**
ich werde stehen	ich würde stehen
du wirst stehen	du würdest stehen
er wird stehen	er würde stehen
wir werden stehen	wir würden stehen
ihr werdet stehen	ihr würdet stehen
sie werden stehen	sie würden stehen
PERFECT INDICATIVE	**PLUPERFECT SUBJUNCTIVE**
ich habe gestanden	ich hätte gestanden
du hast gestanden	du hättest gestanden
er hat gestanden	er hätte gestanden
wir haben gestanden	wir hätten gestanden
ihr habt gestanden	ihr hättet gestanden
sie haben gestanden	sie hätten gestanden

IMPERATIVE: steh(e)! stehen wir! steht! stehen Sie!

stehlen [strong, *haben*] 150
to steal

PRESENT PARTICIPLE	PAST PARTICIPLE
stehlend	gestohlen

PRESENT INDICATIVE	PRESENT SUBJUNCTIVE
ich stehle	ich stehle
du stiehlst	du stehlest
er stiehlt	er stehle
wir stehlen	wir stehlen
ihr stehlt	ihr stehlet
sie stehlen	sie stehlen
IMPERFECT INDICATIVE	**IMPERFECT SUBJUNCTIVE**
ich stahl	ich stähle
du stahlst	du stählest
er stahl	er stähle
wir stahlen	wir stählen
ihr stahlt	ihr stählet
sie stahlen	sie stählen
FUTURE INDICATIVE	**CONDITIONAL**
ich werde stehlen	ich würde stehlen
du wirst stehlen	du würdest stehlen
er wird stehlen	er würde stehlen
wir werden stehlen	wir würden stehlen
ihr werdet stehlen	ihr würdet stehlen
sie werden stehlen	sie würden stehlen
PERFECT INDICATIVE	**PLUPERFECT SUBJUNCTIVE**
ich habe gestohlen	ich hätte gestohlen
du hast gestohlen	du hättest gestohlen
er hat gestohlen	er hätte gestohlen
wir haben gestohlen	wir hätten gestohlen
ihr habt gestohlen	ihr hättet gestohlen
sie haben gestohlen	sie hätten gestohlen

IMPERATIVE: stiehl! stehlen wir! stehlt! stehlen Sie!

151 steigen [strong, *sein*]
to climb

PRESENT PARTICIPLE	PAST PARTICIPLE
steigend	gestiegen

PRESENT INDICATIVE	PRESENT SUBJUNCTIVE
ich steige	ich steige
du steigst	du steigest
er steigt	er steige
wir steigen	wir steigen
ihr steigt	ihr steiget
sie steigen	sie steigen
IMPERFECT INDICATIVE	IMPERFECT SUBJUNCTIVE
ich stieg	ich stiege
du stiegst	du stiegest
er stieg	er stiege
wir stiegen	wir stiegen
ihr stiegt	ihr stieget
sie stiegen	sie stiegen
FUTURE INDICATIVE	CONDITIONAL
ich werde steigen	ich würde steigen
du wirst steigen	du würdest steigen
er wird steigen	er würde steigen
wir werden steigen	wir würden steigen
ihr werdet steigen	ihr würdet steigen
sie werden steigen	sie würden steigen
PERFECT INDICATIVE	PLUPERFECT SUBJUNCTIVE
ich bin gestiegen	ich wäre gestiegen
du bist gestiegen	du wär(e)st gestiegen
er ist gestiegen	er wäre gestiegen
wir sind gestiegen	wir wären gestiegen
ihr seid gestiegen	ihr wär(e)t gestiegen
sie sind gestiegen	sie wären gestiegen

IMPERATIVE: steig(e)! steigen wir! steigt! steigen Sie!

sterben [strong, *sein*] 152
to die

PRESENT PARTICIPLE	PAST PARTICIPLE
sterbend	gestorben

PRESENT INDICATIVE	PRESENT SUBJUNCTIVE
ich sterbe	ich sterbe
du stirbst	du sterbest
er stirbt	er sterbe
wir sterben	wir sterben
ihr sterbt	ihr sterbet
sie sterben	sie sterben
IMPERFECT INDICATIVE	**IMPERFECT SUBJUNCTIVE**
ich starb	ich stürbe
du starbst	du stürbest
er starb	er stürbe
wir starben	wir stürben
ihr starbt	ihr stürbet
sie starben	sie stürben
FUTURE INDICATIVE	**CONDITIONAL**
ich werde sterben	ich würde sterben
du wirst sterben	du würdest sterben
er wird sterben	er würde sterben
wir werden sterben	wir würden sterben
ihr werdet sterben	ihr würdet sterben
sie werden sterben	sie würden sterben
PERFECT INDICATIVE	**PLUPERFECT SUBJUNCTIVE**
ich bin gestorben	ich wäre gestorben
du bist gestorben	du wär(e)st gestorben
er ist gestorben	er wäre gestorben
wir sind gestorben	wir wären gestorben
ihr seid gestorben	ihr wär(e)t gestorben
sie sind gestorben	sie wären gestorben

IMPERATIVE: stirb! sterben wir! sterbt! sterben Sie!

153 stinken [strong, *haben*]
to stink

PRESENT PARTICIPLE	PAST PARTICIPLE
stinkend	gestunken

PRESENT INDICATIVE	PRESENT SUBJUNCTIVE
ich stinke	ich stinke
du stinkst	du stinkest
er stinkt	er stinke
wir stinken	wir stinken
ihr stinkt	ihr stinket
sie stinken	sie stinken
IMPERFECT INDICATIVE	IMPERFECT SUBJUNCTIVE
ich stank	ich stänke
du stankst	du stänkest
er stank	er stänke
wir stanken	wir stänken
ihr stankt	ihr stänket
sie stanken	sie stänken
FUTURE INDICATIVE	CONDITIONAL
ich werde stinken	ich würde stinken
du wirst stinken	du würdest stinken
er wird stinken	er würde stinken
wir werden stinken	wir würden stinken
ihr werdet stinken	ihr würdet stinken
sie werden stinken	sie würden stinken
PERFECT INDICATIVE	PLUPERFECT SUBJUNCTIVE
ich habe gestunken	ich hätte gestunken
du hast gestunken	du hättest gestunken
er hat gestunken	er hätte gestunken
wir haben gestunken	wir hätten gestunken
ihr habt gestunken	ihr hättet gestunken
sie haben gestunken	sie hätten gestunken

IMPERATIVE: stink(e)! stinken wir! stinkt! stinken Sie!

stoßen [strong, *haben*]
to push

PRESENT PARTICIPLE	PAST PARTICIPLE
stoßend	gestoßen

PRESENT INDICATIVE	PRESENT SUBJUNCTIVE
ich stoße	ich stoße
du stößt	du stoßest
er stößt	er stoße
wir stoßen	wir stoßen
ihr stoßt	ihr stoßet
sie stoßen	sie stoßen
IMPERFECT INDICATIVE	**IMPERFECT SUBJUNCTIVE**
ich stieß	ich stieße
du stießest	du stießest
er stieß	er stieße
wir stießen	wir stießen
ihr stießt	ihr stießet
sie stießen	sie stießen
FUTURE INDICATIVE	**CONDITIONAL**
ich werde stoßen	ich würde stoßen
du wirst stoßen	du würdest stoßen
er wird stoßen	er würde stoßen
wir werden stoßen	wir würden stoßen
ihr werdet stoßen	ihr würdet stoßen
sie werden stoßen	sie würden stoßen
PERFECT INDICATIVE	**PLUPERFECT SUBJUNCTIVE**
ich habe gestoßen	ich hätte gestoßen
du hast gestoßen	du hättest gestoßen
er hat gestoßen	er hätte gestoßen
wir haben gestoßen	wir hätten gestoßen
ihr habt gestoßen	ihr hättet gestoßen
sie haben gestoßen	sie hätten gestoßen

IMPERATIVE: stoß(e)! stoßen wir! stoßt! stoßen Sie!

155 streichen [strong, *haben*]
to spread, to stroke

PRESENT PARTICIPLE	PAST PARTICIPLE
streichend	gestrichen

PRESENT INDICATIVE	PRESENT SUBJUNCTIVE
ich streiche	ich streiche
du streichst	du streichest
er streicht	er streiche
wir streichen	wir streichen
ihr streicht	ihr streichet
sie streichen	sie streichen
IMPERFECT INDICATIVE	**IMPERFECT SUBJUNCTIVE**
ich strich	ich striche
du strichst	du strichest
er strich	er striche
wir strichen	wir strichen
ihr stricht	ihr strichet
sie strichen	sie strichen
FUTURE INDICATIVE	**CONDITIONAL**
ich werde streichen	ich würde streichen
du wirst streichen	du würdest streichen
er wird streichen	er würde streichen
wir werden streichen	wir würden streichen
ihr werdet streichen	ihr würdet streichen
sie werden streichen	sie würden streichen
PERFECT INDICATIVE	**PLUPERFECT SUBJUNCTIVE**
ich habe gestrichen	ich hätte gestrichen
du hast gestrichen	du hättest gestrichen
er hat gestrichen	er hätte gestrichen
wir haben gestrichen	wir hätten gestrichen
ihr habt gestrichen	ihr hättet gestrichen
sie haben gestrichen	sie hätten gestrichen

IMPERATIVE: streich(e)! streichen wir! streicht! streichen Sie!

streiten [strong, *haben*] **156**
to quarrel

PRESENT PARTICIPLE	PAST PARTICIPLE
streitend	gestritten

PRESENT INDICATIVE	PRESENT SUBJUNCTIVE
ich streite	ich streite
du streitest	du streitest
er streitet	er streite
wir streiten	wir streiten
ihr streitet	ihr streitet
sie streiten	sie streiten
IMPERFECT INDICATIVE	**IMPERFECT SUBJUNCTIVE**
ich stritt	ich stritte
du strittst	du strittest
er stritt	er stritte
wir stritten	wir stritten
ihr strittet	ihr strittet
sie stritten	sie stritten
FUTURE INDICATIVE	**CONDITIONAL**
ich werde streiten	ich würde streiten
du wirst streiten	du würdest streiten
er wird streiten	er würde streiten
wir werden streiten	wir würden streiten
ihr werdet streiten	ihr würdet streiten
sie werden streiten	sie würden streiten
PERFECT INDICATIVE	**PLUPERFECT SUBJUNCTIVE**
ich habe gestritten	ich hätte gestritten
du hast gestritten	du hättest gestritten
er hat gestritten	er hätte gestritten
wir haben gestritten	wir hätten gestritten
ihr habt gestritten	ihr hättet gestritten
sie haben gestritten	sie hätten gestritten

IMPERATIVE: streit(e)! streiten wir! streitet! streiten Sie!

157 studieren [weak, *haben*]

to study

PRESENT PARTICIPLE	PAST PARTICIPLE
studierend	studiert

PRESENT INDICATIVE	PRESENT SUBJUNCTIVE
ich studiere	ich studiere
du studierst	du studierest
er studiert	er studiere
wir studieren	wir studieren
ihr studiert	ihr studieret
sie studieren	sie studieren
IMPERFECT INDICATIVE	**IMPERFECT SUBJUNCTIVE**
ich studierte	ich studierte
du studiertest	du studiertest
er studierte	er studierte
wir studierten	wir studierten
ihr studiertet	ihr studiertet
sie studierten	sie studierten
FUTURE INDICATIVE	**CONDITIONAL**
ich werde studieren	ich würde studieren
du wirst studieren	du würdest studieren
er wird studieren	er würde studieren
wir werden studieren	wir würden studieren
ihr werdet studieren	ihr würdet studieren
sie werden studieren	sie würden studieren
PERFECT INDICATIVE	**PLUPERFECT SUBJUNCTIVE**
ich habe studiert	ich hätte studiert
du hast studiert	du hättest studiert
er hat studiert	er hätte studiert
wir haben studiert	wir hätten studiert
ihr habt studiert	ihr hättet studiert
sie haben studiert	sie hätten studiert

IMPERATIVE: studiere! studieren wir! studiert! studieren Sie

tragen [strong, *haben*]

to wear, to carry

PRESENT PARTICIPLE	PAST PARTICIPLE
tragend	getragen

PRESENT INDICATIVE	PRESENT SUBJUNCTIVE
ich trage	ich trage
du trägst	du tragest
er trägt	er trage
wir tragen	wir tragen
ihr tragt	ihr traget
sie tragen	sie tragen
IMPERFECT INDICATIVE	**IMPERFECT SUBJUNCTIVE**
ich trug	ich trüge
du trugst	du trügest
er trug	er trüge
wir trugen	wir trügen
ihr trugt	ihr trüget
sie trugen	sie trügen
FUTURE INDICATIVE	**CONDITIONAL**
ich werde tragen	ich würde tragen
du wirst tragen	du würdest tragen
er wird tragen	er würde tragen
wir werden tragen	wir würden tragen
ihr werdet tragen	ihr würdet tragen
sie werden tragen	sie würden tragen
PERFECT INDICATIVE	**PLUPERFECT SUBJUNCTIVE**
ich habe getragen	ich hätte getragen
du hast getragen	du hättest getragen
er hat getragen	er hätte getragen
wir haben getragen	wir hätten getragen
ihr habt getragen	ihr hättet getragen
sie haben getragen	sie hätten getragen

IMPERATIVE: trag(e)! tragen wir! tragt! tragen Sie!

159 treffen [strong, *haben*]
to meet

PRESENT PARTICIPLE	PAST PARTICIPLE
treffend	getroffen

PRESENT INDICATIVE	PRESENT SUBJUNCTIVE
ich treffe	ich treffe
du triffst	du treffest
er trifft	er treffe
wir treffen	wir treffen
ihr trefft	ihr treffet
sie treffen	sie treffen
IMPERFECT INDICATIVE	**IMPERFECT SUBJUNCTIVE**
ich traf	ich träfe
du trafst	du träfest
er traf	er träfe
wir trafen	wir träfen
ihr traft	ihr träfet
sie trafen	sie träfen
FUTURE INDICATIVE	**CONDITIONAL**
ich werde treffen	ich würde treffen
du wirst treffen	du würdest treffen
er wird treffen	er würde treffen
wir werden treffen	wir würden treffen
ihr werdet treffen	ihr würdet treffen
sie werden treffen	sie würden treffen
PERFECT INDICATIVE	**PLUPERFECT SUBJUNCTIVE**
ich habe getroffen	ich hätte getroffen
du hast getroffen	du hättest getroffen
er hat getroffen	er hätte getroffen
wir haben getroffen	wir hätten getroffen
ihr habt getroffen	ihr hättet getroffen
sie haben getroffen	sie hätten getroffen

IMPERATIVE: triff! treffen wir! trefft! treffen Sie!

treiben [strong, *haben*] 160
to drive

PRESENT PARTICIPLE	PAST PARTICIPLE
treibend	getrieben

PRESENT INDICATIVE	PRESENT SUBJUNCTIVE
ich treibe	ich treibe
du treibst	du treibest
er treibt	er treibe
wir treiben	wir treiben
ihr treibt	ihr treibet
sie treiben	sie treiben
IMPERFECT INDICATIVE	**IMPERFECT SUBJUNCTIVE**
ich trieb	ich triebe
du triebst	du triebest
er trieb	er triebe
wir trieben	wir trieben
ihr triebt	ihr triebet
sie trieben	sie trieben
FUTURE INDICATIVE	**CONDITIONAL**
ich werde treiben	ich würde treiben
du wirst treiben	du würdest treiben
er wird treiben	er würde treiben
wir werden treiben	wir würden treiben
ihr werdet treiben	ihr würdet treiben
sie werden treiben	sie würden treiben
PERFECT INDICATIVE	**PLUPERFECT SUBJUNCTIVE**
ich habe getrieben	ich hätte getrieben
du hast getrieben	du hättest getrieben
er hat getrieben	er hätte getrieben
wir haben getrieben	wir hätten getrieben
ihr habt getrieben	ihr hättet getrieben
sie haben getrieben	sie hätten getrieben

IMPERATIVE: treib(e)! treiben wir! treibt! treiben Sie!

161 treten [strong, *haben/sein*]
to kick/to step (*transitive/intransitive*)

PRESENT PARTICIPLE	PAST PARTICIPLE
tretend	getreten

PRESENT INDICATIVE
ich trete
du trittst
er tritt
wir treten
ihr tretet
sie treten

IMPERFECT INDICATIVE
ich trat
du tratst
er trat
wir traten
ihr tratet
sie traten

FUTURE INDICATIVE
ich werde treten
du wirst treten
er wird treten
wir werden treten
ihr werdet treten
sie werden treten

PERFECT INDICATIVE
ich habe getreten*
du hast getreten
er hat getreten
wir haben getreten
ihr habt getreten
sie haben getreten

PRESENT SUBJUNCTIVE
ich trete
du tretest
er trete
wir treten
ihr tretet
sie treten

IMPERFECT SUBJUNCTIVE
ich träte
du trätest
er träte
wir träten
ihr trätet
sie träten

CONDITIONAL
ich würde treten
du würdest treten
er würde treten
wir würden treten
ihr würdet treten
sie würden treten

PLUPERFECT SUBJUNCTIVE
ich hätte getreten*
du hättest getreten
er hätte getreten
wir hätten getreten
ihr hättet getreten
sie hätten getreten

IMPERATIVE: tritt! treten wir! tretet! treten Sie!
*OR: ich bin/wäre getreten *etc (when intransitive).*

trinken [strong, *haben*]

to drink

PRESENT PARTICIPLE	PAST PARTICIPLE
trinkend	getrunken

PRESENT INDICATIVE	PRESENT SUBJUNCTIVE
ich trinke	ich trinke
du trinkst	du trinkest
er trinkt	er trinke
wir trinken	wir trinken
ihr trinkt	ihr trinket
sie trinken	sie trinken
IMPERFECT INDICATIVE	**IMPERFECT SUBJUNCTIVE**
ich trank	ich tränke
du trankst	du tränkest
er trank	er tränke
wir tranken	wir tränken
ihr trankt	ihr tränket
sie tranken	sie tränken
FUTURE INDICATIVE	**CONDITIONAL**
ich werde trinken	ich würde trinken
du wirst trinken	du würdest trinken
er wird trinken	er würde trinken
wir werden trinken	wir würden trinken
ihr werdet trinken	ihr würdet trinken
sie werden trinken	sie würden trinken
PERFECT INDICATIVE	**PLUPERFECT SUBJUNCTIVE**
ich habe getrunken	ich hätte getrunken
du hast getrunken	du hättest getrunken
er hat getrunken	er hätte getrunken
wir haben getrunken	wir hätten getrunken
ihr habt getrunken	ihr hättet getrunken
sie haben getrunken	sie hätten getrunken

IMPERATIVE: trink(e)! trinken wir! trinkt! trinken Sie!

163 trügen [strong, *haben*]
to deceive

PRESENT PARTICIPLE	PAST PARTICIPLE
trügend	getrogen

PRESENT INDICATIVE	PRESENT SUBJUNCTIVE
ich trüge	ich trüge
du trügst	du trügest
er trügt	er trüge
wir trügen	wir trügen
ihr trügt	ihr trüget
sie trügen	sie trügen
IMPERFECT INDICATIVE	**IMPERFECT SUBJUNCTIVE**
ich trog	ich tröge
du trogst	du trögest
er trog	er tröge
wir trogen	wir trögen
ihr trogt	ihr tröget
sie trogen	sie trögen
FUTURE INDICATIVE	**CONDITIONAL**
ich werde trügen	ich würde trügen
du wirst trügen	du würdest trügen
er wird trügen	er würde trügen
wir werden trügen	wir würden trügen
ihr werdet trügen	ihr würdet trügen
sie werden trügen	sie würden trügen
PERFECT INDICATIVE	**PLUPERFECT SUBJUNCTIVE**
ich habe getrogen	ich hätte getrogen
du hast getrogen	du hättest getrogen
er hat getrogen	er hätte getrogen
wir haben getrogen	wir hätten getrogen
ihr habt getrogen	ihr hättet getrogen
sie haben getrogen	sie hätten getrogen

IMPERATIVE: trüg(e)! trügen wir! trügt! trügen Sie!

tun [strong, *haben*]
to do

PRESENT PARTICIPLE	PAST PARTICIPLE
tuend	getan

PRESENT INDICATIVE	PRESENT SUBJUNCTIVE
ich tue	ich tue
du tust	du tuest
er tut	er tue
wir tun	wir tuen
ihr tut	ihr tuet
sie tun	sie tuen
IMPERFECT INDICATIVE	**IMPERFECT SUBJUNCTIVE**
ich tat	ich täte
du tatst	du tätest
er tat	er täte
wir taten	wir täten
ihr tatet	ihr tätet
sie taten	sie täten
FUTURE INDICATIVE	**CONDITIONAL**
ich werde tun	ich würde tun
du wirst tun	du würdest tun
er wird tun	er würde tun
wir werden tun	wir würden tun
ihr werdet tun	ihr würdet tun
sie werden tun	sie würden tun
PERFECT INDICATIVE	**PLUPERFECT SUBJUNCTIVE**
ich habe getan	ich hätte getan
du hast getan	du hättest getan
er hat getan	er hätte getan
wir haben getan	wir hätten getan
ihr habt getan	ihr hättet getan
sie haben getan	sie hätten getan

IMPERATIVE: tu(e)! tun wir! tut! tun Sie!

165 sich überlegen [weak, inseparable, reflexive, to consider *haben*]

PRESENT PARTICIPLE	PAST PARTICIPLE
überlegend	überlegt

PRESENT INDICATIVE	PRESENT SUBJUNCTIVE
ich überlege mir	ich überlege mir
du überlegst dir	du überlegest dir
er überlegt sich	er überlege sich
wir überlegen uns	wir überlegen uns
ihr überlegt euch	ihr überlegt euch
sie überlegen sich	sie überlegen sich
IMPERFECT INDICATIVE	**IMPERFECT SUBJUNCTIVE**
ich überlegte mir	ich überlegte mir
du überlegtest dir	du überlegtest dir
er überlegte sich	er überlegte sich
wir überlegten uns	wir überlegten uns
ihr überlegtet euch	ihr überlegtet euch
sie überlegten sich	sie überlegten sich
FUTURE INDICATIVE	**CONDITIONAL**
ich werde mir überlegen	ich würde mir überlegen
du wirst dir überlegen	du würdest dir überlegen
er wird sich überlegen	er würde sich überlegen
wir werden uns überlegen	wir würden uns überlegen
ihr werdet euch überlegen	ihr würdet euch überlegen
sie werden sich überlegen	sie würden sich überlegen
PERFECT INDICATIVE	**PLUPERFECT SUBJUNCTIVE**
ich habe mir überlegt	ich hätte mir überlegt
du hast dir überlegt	du hättest dir überlegt
er hat sich überlegt	er hätte sich überlegt
wir haben uns überlegt	wir hätten uns überlegt
ihr habt euch überlegt	ihr hättet euch überlegt
sie haben sich überlegt	sie hätten sich überlegt

IMPERATIVE: überleg(e) dir! überlegen wir uns! überlegt euch! überlegen Sie sich!

verderben [strong, inseparable, *haben/sein*]
to spoil/become spoiled (*transitive/intransitive*)

PRESENT PARTICIPLE	PAST PARTICIPLE
verderbend	verdorben

PRESENT INDICATIVE	PRESENT SUBJUNCTIVE
ich verderbe	ich verderbe
du verdirbst	du verderbest
er verdirbt	er verderbe
wir verderben	wir verderben
ihr verderbt	ihr verderbet
sie verderben	sie verderben
IMPERFECT INDICATIVE	IMPERFECT SUBJUNCTIVE
ich verdarb	ich verdürbe
du verdarbst	du verdürbest
er verdarb	er verdürbe
wir verdarben	wir verdürben
ihr verdarbt	ihr verdürbet
sie verdarben	sie verdürben
FUTURE INDICATIVE	CONDITIONAL
ich werde verderben	ich würde verderben
du wirst verderben	du würdest verderben
er wird verderben	er würde verderben
wir werden verderben	wir würden verderben
ihr werdet verderben	ihr würdet verderben
sie werden verderben	sie würden verderben
PERFECT INDICATIVE	PLUPERFECT SUBJUNCTIVE
ich habe verdorben*	ich hätte verdorben*
du hast verdorben	du hättest verdorben
er hat verdorben	er hätte verdorben
wir haben verdorben	wir hätten verdorben
ihr habt verdorben	ihr hättet verdorben
sie haben verdorben	sie hätten verdorben

IMPERATIVE: verdirb! verderben wir! verderbt! verderben Sie! *OR: ich bin/wäre verdorben *etc (when intransitive)*.

167 verdrießen [strong, inseparable, *haben*]
to vex

PRESENT PARTICIPLE	PAST PARTICIPLE
verdrießend	verdrossen

PRESENT INDICATIVE	PRESENT SUBJUNCTIVE
ich verdrieße	ich verdrieße
du verdrießt	du verdrießest
er verdrießt	er verdrieße
wir verdrießen	wir verdrießen
ihr verdrießt	ihr verdrießet
sie verdrießen	sie verdrießen
IMPERFECT INDICATIVE	**IMPERFECT SUBJUNCTIVE**
ich verdroß	ich verdrösse
du verdrossest	du verdrössest
er verdroß	er verdrösse
wir verdrossen	wir verdrössen
ihr verdroßt	ihr verdrösset
sie verdrossen	sie verdrössen
FUTURE INDICATIVE	**CONDITIONAL**
ich werde verdrießen	ich würde verdrießen
du wirst verdrießen	du würdest verdrießen
er wird verdrießen	er würde verdrießen
wir werden verdrießen	wir würden verdrießen
ihr werdet verdrießen	ihr würdet verdrießen
sie werden verdrießen	sie würden verdrießen
PERFECT INDICATIVE	**PLUPERFECT SUBJUNCTIVE**
ich habe verdrossen	ich hätte verdrossen
du hast verdrossen	du hättest verdrossen
er hat verdrossen	er hätte verdrossen
wir haben verdrossen	wir hätten verdrossen
ihr habt verdrossen	ihr hättet verdrossen
sie haben verdrossen	sie hätten verdrossen

IMPERATIVE: verdrieß(e)! verdrießen wir! verdrießt! verdrießen Sie!

vergessen [strong, inseparable, *haben*] 168
to forget

PRESENT PARTICIPLE	PAST PARTICIPLE
vergessend	vergessen

PRESENT INDICATIVE	PRESENT SUBJUNCTIVE
ich vergesse	ich vergesse
du vergißt	du vergessest
er vergißt	er vergesse
wir vergessen	wir vergessen
ihr vergeßt	ihr vergesset
sie vergessen	sie vergessen
IMPERFECT INDICATIVE	**IMPERFECT SUBJUNCTIVE**
ich vergaß	ich vergäße
du vergaßest	du vergäßest
er vergaß	er vergäße
wir vergaßen	wir vergäßen
ihr vergaßt	ihr vergäßet
sie vergaßen	sie vergäßen
FUTURE INDICATIVE	**CONDITIONAL**
ich werde vergessen	ich würde vergessen
du wirst vergessen	du würdest vergessen
er wird vergessen	er würde vergessen
wir werden vergessen	wir würden vergessen
ihr werdet vergessen	ihr würdet vergessen
sie werden vergessen	sie würden vergessen
PERFECT INDICATIVE	**PLUPERFECT SUBJUNCTIVE**
ich habe vergessen	ich hätte vergessen
du hast vergessen	du hättest vergessen
er hat vergessen	er hätte vergessen
wir haben vergessen	wir hätten vergessen
ihr habt vergessen	ihr hättet vergessen
sie haben vergessen	sie hätten vergessen

IMPERATIVE: vergiß! vergessen wir! vergeßt! vergessen Sie!

169 verlieren [strong, inseparable, *haben*]

to lose

PRESENT PARTICIPLE	PAST PARTICIPLE
verlierend	verloren

PRESENT INDICATIVE	PRESENT SUBJUNCTIVE
ich verliere	ich verliere
du verlierst	du verlierest
er verliert	er verliere
wir verlieren	wir verlieren
ihr verliert	ihr verlieret
sie verlieren	sie verlieren
IMPERFECT INDICATIVE	IMPERFECT SUBJUNCTIVE
ich verlor	ich verlöre
du verlorst	du verlörest
er verlor	er verlöre
wir verloren	wir verlören
ihr verlort	ihr verlöret
sie verloren	sie verlören
FUTURE INDICATIVE	CONDITIONAL
ich werde verlieren	ich würde verlieren
du wirst verlieren	du würdest verlieren
er wird verlieren	er würde verlieren
wir werden verlieren	wir würden verlieren
ihr werdet verlieren	ihr würdet verlieren
sie werden verlieren	sie würden verlieren
PERFECT INDICATIVE	PLUPERFECT SUBJUNCTIVE
ich habe verloren	ich hätte verloren
du hast verloren	du hättest verloren
er hat verloren	er hätte verloren
wir haben verloren	wir hätten verloren
ihr habt verloren	ihr hättet verloren
sie haben verloren	sie hätten verloren

IMPERATIVE: verlier(e)! verlieren wir! verliert! verlieren Sie!

verschwinden [strong, inseparable, *sein*] **170**

to disappear

PRESENT PARTICIPLE	PAST PARTICIPLE
verschwindend	verschwunden

PRESENT INDICATIVE	PRESENT SUBJUNCTIVE
ich verschwinde	ich verschwinde
du verschwindest	du verschwindest
er verschwindet	er verschwinde
wir verschwinden	wir verschwinden
ihr verschwindet	ihr verschwindet
sie verschwinden	sie verschwinden
IMPERFECT INDICATIVE	**IMPERFECT SUBJUNCTIVE**
ich verschwand	ich verschwände
du verschwandst	du verschwändest
er verschwand	er verschwände
wir verschwanden	wir verschwänden
ihr verschwandet	ihr verschwändet
sie verschwanden	sie verschwänden
FUTURE INDICATIVE	**CONDITIONAL**
ich werde verschwinden	ich würde verschwinden
du wirst verschwinden	du würdest verschwinden
er wird verschwinden	er würde verschwinden
wir werden verschwinden	wir würden verschwinden
ihr werdet verschwinden	ihr würdet verschwinden
sie werden verschwinden	sie würden verschwinden
PERFECT INDICATIVE	**PLUPERFECT SUBJUNCTIVE**
ich bin verschwunden	ich wäre verschwunden
du bist verschwunden	du wär(e)st verschwunden
er ist verschwunden	er wäre verschwunden
wir sind verschwunden	wir wären verschwunden
ihr seid verschwunden	ihr wär(e)t verschwunden
sie sind verschwunden	sie wären verschwunden

IMPERATIVE: verschwind(e)! verschwinden wir! verschwindet! verschwinden Sie!

171 verzeihen [strong, inseparable, *haben*]
to pardon

PRESENT PARTICIPLE	PAST PARTICIPLE
verzeihend	verziehen

PRESENT INDICATIVE	PRESENT SUBJUNCTIVE
ich verzeihe	ich verzeihe
du verzeihst	du verzeihest
er verzeiht	er verzeihe
wir verzeihen	wir verzeihen
ihr verzeiht	ihr verzeihet
sie verzeihen	sie verzeihen
IMPERFECT INDICATIVE	**IMPERFECT SUBJUNCTIVE**
ich verzieh	ich verziehe
du verziehst	du verziehest
er verzieh	er verziehe
wir verziehen	wir verziehen
ihr verzieht	ihr verziehet
sie verziehen	sie verziehen
FUTURE INDICATIVE	**CONDITIONAL**
ich werde verzeihen	ich würde verzeihen
du wirst verzeihen	du würdest verzeihen
er wird verzeihen	er würde verzeihen
wir werden verzeihen	wir würden verzeihen
ihr werdet verzeihen	ihr würdet verzeihen
sie werden verzeihen	sie würden verzeihen
PERFECT INDICATIVE	**PLUPERFECT SUBJUNCTIVE**
ich habe verziehen	ich hätte verziehen
du hast verziehen	du hättest verziehen
er hat verziehen	er hätte verziehen
wir haben verziehen	wir hätten verziehen
ihr habt verziehen	ihr hättet verziehen
sie haben verziehen	sie hätten verziehen

IMPERATIVE: verzeih(e)! verzeihen wir! verzeiht! verzeihen Sie!

wachsen* [strong, *sein*]
to grow

PRESENT PARTICIPLE	PAST PARTICIPLE
wachsend	gewachsen

PRESENT INDICATIVE	PRESENT SUBJUNCTIVE
ich wachse	ich wachse
du wächst	du wachsest
er wächst	er wachse
wir wachsen	wir wachsen
ihr wachst	ihr wachset
sie wachsen	sie wachsen
IMPERFECT INDICATIVE	**IMPERFECT SUBJUNCTIVE**
ich wuchs	ich wüchse
du wuchsest	du wüchsest
er wuchs	er wüchse
wir wuchsen	wir wüchsen
ihr wuchst	ihr wüchset
sie wuchsen	sie wüchsen
FUTURE INDICATIVE	**CONDITIONAL**
ich werde wachsen	ich würde wachsen
du wirst wachsen	du würdest wachsen
er wird wachsen	er würde wachsen
wir werden wachsen	wir würden wachsen
ihr werdet wachsen	ihr würdet wachsen
sie werden wachsen	sie würden wachsen
PERFECT INDICATIVE	**PLUPERFECT SUBJUNCTIVE**
ich bin gewachsen	ich wäre gewachsen
du bist gewachsen	du wär(e)st gewachsen
er ist gewachsen	er wäre gewachsen
wir sind gewachsen	wir wären gewachsen
ihr seid gewachsen	ihr wär(e)t gewachsen
sie sind gewachsen	sie wären gewachsen

IMPERATIVE: wachs(e)! wachsen wir! wachst! wachsen Sie!

* wachsen *"to wax" is weak:* wachste, hat gewachst

173 wägen [strong, *haben*]
to ponder

PRESENT PARTICIPLE
wägend

PAST PARTICIPLE
gewogen

PRESENT INDICATIVE
ich wäge
du wägst
er wägt
wir wägen
ihr wägt
sie wägen

IMPERFECT INDICATIVE
ich wog
du wogst
er wog
wir wogen
ihr wogt
sie wogen

FUTURE INDICATIVE
ich werde wägen
du wirst wägen
er wird wägen
wir werden wägen
ihr werdet wägen
sie werden wägen

PERFECT INDICATIVE
ich habe gewogen
du hast gewogen
er hat gewogen
wir haben gewogen
ihr habt gewogen
sie haben gewogen

PRESENT SUBJUNCTIVE
ich wäge
du wägest
er wäge
wir wägen
ihr wäget
sie wägen

IMPERFECT SUBJUNCTIVE
ich wöge
du wögest
er wöge
wir wögen
ihr wöget
sie wögen

CONDITIONAL
ich würde wägen
du würdest wägen
er würde wägen
wir würden wägen
ihr würdet wägen
sie würden wägen

PLUPERFECT SUBJUNCTIVE
ich hätte gewogen
du hättest gewogen
er hätte gewogen
wir hätten gewogen
ihr hättet gewogen
sie hätten gewogen

IMPERATIVE: wäg(e)! wägen wir! wägt! wägen Sie!

wandern [weak, *sein*]
to roam

PRESENT PARTICIPLE	PAST PARTICIPLE
wandernd	gewandert

PRESENT INDICATIVE	PRESENT SUBJUNCTIVE
ich wandre	ich wandre
du wanderst	du wandrest
er wandert	er wandre
wir wandern	wir wandren
ihr wandert	ihr wandret
sie wandern	sie wandren
IMPERFECT INDICATIVE	**IMPERFECT SUBJUNCTIVE**
ich wanderte	ich wanderte
du wandertest	du wandertest
er wanderte	er wanderte
wir wanderten	wir wanderten
ihr wandertet	ihr wandertet
sie wanderten	sie wanderten
FUTURE INDICATIVE	**CONDITIONAL**
ich werde wandern	ich würde wandern
du wirst wandern	du würdest wandern
er wird wandern	er würde wandern
wir werden wandern	wir würden wandern
ihr werdet wandern	ihr würdet wandern
sie werden wandern	sie würden wandern
PERFECT INDICATIVE	**PLUPERFECT SUBJUNCTIVE**
ich bin gewandert	ich wäre gewandert
du bist gewandert	du wär(e)st gewandert
er ist gewandert	er wäre gewandert
wir sind gewandert	wir wären gewandert
ihr seid gewandert	ihr wär(e)t gewandert
sie sind gewandert	sie wären gewandert

IMPERATIVE: wandre! wandern wir! wandert! wandern Sie!

175 waschen [strong, *haben*]

to wash

PRESENT PARTICIPLE	PAST PARTICIPLE
waschend	gewaschen

PRESENT INDICATIVE	PRESENT SUBJUNCTIVE
ich wasche	ich wasche
du wäschst	du waschest
er wäscht	er wasche
wir waschen	wir waschen
ihr wascht	ihr waschet
sie waschen	sie waschen
IMPERFECT INDICATIVE	**IMPERFECT SUBJUNCTIVE**
ich wusch	ich wüsche
du wuschest	du wüschest
er wusch	er wüsche
wir wuschen	wir wüschen
ihr wuscht	ihr wüschet
sie wuschen	sie wüschen
FUTURE INDICATIVE	**CONDITIONAL**
ich werde waschen	ich würde waschen
du wirst waschen	du würdest waschen
er wird waschen	er würde waschen
wir werden waschen	wir würden waschen
ihr werdet waschen	ihr würdet waschen
sie werden waschen	sie würden waschen
PERFECT INDICATIVE	**PLUPERFECT SUBJUNCTIVE**
ich habe gewaschen	ich hätte gewaschen
du hast gewaschen	du hättest gewaschen
er hat gewaschen	er hätte gewaschen
wir haben gewaschen	wir hätten gewaschen
ihr habt gewaschen	ihr hättet gewaschen
sie haben gewaschen	sie hätten gewaschen

IMPERATIVE: wasch(e)! waschen wir! wascht! waschen Sie!

weben* [strong, *haben*]

to weave

PRESENT PARTICIPLE	PAST PARTICIPLE
webend	gewoben

PRESENT INDICATIVE	PRESENT SUBJUNCTIVE
ich webe	ich webe
du webst	du webest
er webt	er webe
wir weben	wir weben
ihr webt	ihr webet
sie weben	sie weben
IMPERFECT INDICATIVE	**IMPERFECT SUBJUNCTIVE**
ich wob	ich wöbe
du wobest	du wöbest
er wob	er wöbe
wir woben	wir wöben
ihr wobt	ihr wöbet
sie woben	sie wöben
FUTURE INDICATIVE	**CONDITIONAL**
ich werde weben	ich würde weben
du wirst weben	du würdest weben
er wird weben	er würde weben
wir werden weben	wir würden weben
ihr werdet weben	ihr würdet weben
sie werden weben	sie würden weben
PERFECT INDICATIVE	**PLUPERFECT SUBJUNCTIVE**
ich habe gewoben	ich hätte gewoben
du hast gewoben	du hättest gewoben
er hat gewoben	er hätte gewoben
wir haben gewoben	wir hätten gewoben
ihr habt gewoben	ihr hättet gewoben
sie haben gewoben	sie hätten gewoben

IMPERATIVE: web(e)! weben wir! webt! weben Sie!

* *This verb is more often weak:* webte, gewebt.

177 weichen [strong, *sein*]
to yield

PRESENT PARTICIPLE	PAST PARTICIPLE
weichend	gewichen

PRESENT INDICATIVE	**PRESENT SUBJUNCTIVE**
ich weiche	ich weiche
du weichst	du weichest
er weicht	er weiche
wir weichen	wir weichen
ihr weicht	ihr weichet
sie weichen	sie weichen
IMPERFECT INDICATIVE	**IMPERFECT SUBJUNCTIVE**
ich wich	ich wiche
du wichst	du wichest
er wich	er wiche
wir wichen	wir wichen
ihr wicht	ihr wichet
sie wichen	sie wichen
FUTURE INDICATIVE	**CONDITIONAL**
ich werde weichen	ich würde weichen
du wirst weichen	du würdest weichen
er wird weichen	er würde weichen
wir werden weichen	wir würden weichen
ihr werdet weichen	ihr würdet weichen
sie werden weichen	sie würden weichen
PERFECT INDICATIVE	**PLUPERFECT SUBJUNCTIVE**
ich bin gewichen	ich wäre gewichen
du bist gewichen	du wär(e)st gewichen
er ist gewichen	er wäre gewichen
wir sind gewichen	wir wären gewichen
ihr seid gewichen	ihr wär(e)t gewichen
sie sind gewichen	sie wären gewichen

IMPERATIVE: weich(e)! weichen wir! weicht! weichen Sie!

weisen [strong, *haben*]
to show

PRESENT PARTICIPLE	PAST PARTICIPLE
weisend	gewiesen

PRESENT INDICATIVE	PRESENT SUBJUNCTIVE
ich weise	ich weise
du weist	du weisest
er weist	er weise
wir weisen	wir weisen
ihr weist	ihr weiset
sie weisen	sie weisen
IMPERFECT INDICATIVE	**IMPERFECT SUBJUNCTIVE**
ich wies	ich wiese
du wiesest	du wiesest
er wies	er wiese
wir wiesen	wir wiesen
ihr wiest	ihr wieset
sie wiesen	sie wiesen
FUTURE INDICATIVE	**CONDITIONAL**
ich werde weisen	ich würde weisen
du wirst weisen	du würdest weisen
er wird weisen	er würde weisen
wir werden weisen	wir würden weisen
ihr werdet weisen	ihr würdet weisen
sie werden weisen	sie würden weisen
PERFECT INDICATIVE	**PLUPERFECT SUBJUNCTIVE**
ich habe gewiesen	ich hätte gewiesen
du hast gewiesen	du hättest gewiesen
er hat gewiesen	er hätte gewiesen
wir haben gewiesen	wir hätten gewiesen
ihr habt gewiesen	ihr hättet gewiesen
sie haben gewiesen	sie hätten gewiesen

IMPERATIVE: weis(e)! weisen wir! weist! weisen Sie!

179 wenden* [mixed, *haben*]
to turn

PRESENT PARTICIPLE	PAST PARTICIPLE
wendend	gewandt

PRESENT INDICATIVE	PRESENT SUBJUNCTIVE
ich wende	ich wende
du wendest	du wendest
er wendet	er wende
wir wenden	wir wenden
ihr wendet	ihr wendet
sie wenden	sie wenden
IMPERFECT INDICATIVE	**IMPERFECT SUBJUNCTIVE**
ich wandte	ich wendete
du wandtest	du wendetest
er wandte	er wendete
wir wandten	wir wendeten
ihr wandtet	ihr wendetet
sie wandten	sie wendeten
FUTURE INDICATIVE	**CONDITIONAL**
ich werde wenden	ich würde wenden
du wirst wenden	du würdest wenden
er wird wenden	er würde wenden
wir werden wenden	wir würden wenden
ihr werdet wenden	ihr würdet wenden
sie werden wenden	sie würden wenden
PERFECT INDICATIVE	**PLUPERFECT SUBJUNCTIVE**
ich habe gewandt	ich hätte gewandt
du hast gewandt	du hättest gewandt
er hat gewandt	er hätte gewandt
wir haben gewandt	wir hätten gewandt
ihr habt gewandt	ihr hättet gewandt
sie haben gewandt	sie hätten gewandt

IMPERATIVE: wend(e)! wenden wir! wendet! wenden Sie!
**This verb is often weak:* wendete, gewendet.

werben [strong, *haben*] 180
to recruit, to advertise

PRESENT PARTICIPLE	PAST PARTICIPLE
werbend	geworben

PRESENT INDICATIVE	PRESENT SUBJUNCTIVE
ich werbe	ich werbe
du wirbst	du werbest
er wirbt	er werbe
wir werben	wir werben
ihr werbt	ihr werbet
sie werben	sie werben
IMPERFECT INDICATIVE	**IMPERFECT SUBJUNCTIVE**
ich warb	ich würbe
du warbst	du würbest
er warb	er würbe
wir warben	wir würben
ihr warbt	ihr würbet
sie warben	sie würben
FUTURE INDICATIVE	**CONDITIONAL**
ich werde werben	ich würde werben
du wirst werben	du würdest werben
er wird werben	er würde werben
wir werden werben	wir würden werben
ihr werdet werben	ihr würdet werben
sie werden werben	sie würden werben
PERFECT INDICATIVE	**PLUPERFECT SUBJUNCTIVE**
ich habe geworben	ich hätte geworben
du hast geworben	du hättest geworben
er hat geworben	er hätte geworben
wir haben geworben	wir hätten geworben
ihr habt geworben	ihr hättet geworben
sie haben geworben	sie hätten geworben

IMPERATIVE: wirb! werben wir! werbt! werben Sie!

181 werden [strong, *sein*]
to become

PRESENT PARTICIPLE	PAST PARTICIPLE
werdend	geworden/worden*

PRESENT INDICATIVE	PRESENT SUBJUNCTIVE
ich werde	ich werde
du wirst	du werdest
er wird	er werde
wir werden	wir werden
ihr werdet	ihr werdet
sie werden	sie werden
IMPERFECT INDICATIVE	**IMPERFECT SUBJUNCTIVE**
ich wurde	ich würde
du wurdest	du würdest
er wurde	er würde
wir wurden	wir würden
ihr wurdet	ihr würdet
sie wurden	sie würden
FUTURE INDICATIVE	**CONDITIONAL**
ich werde werden	ich würde werden
du wirst werden	du würdest werden
er wird werden	er würde werden
wir werden werden	wir würden werden
ihr werdet werden	ihr würdet werden
sie werden werden	sie würden werden
PERFECT INDICATIVE	**PLUPERFECT SUBJUNCTIVE**
ich bin geworden/worden	ich wäre geworden/worden
du bist geworden/worden	du wär(e)st geworden/worden
er ist geworden/worden	er wäre geworden/worden
wir sind geworden/worden	wir wären geworden/worden
ihr seid geworden/worden	ihr wär(e)t geworden/worden
sie sind geworden/worden	sie wären geworden/worden

IMPERATIVE: werde! werden wir! werdet! werden Sie!
**The second form is used in passive constructions.*

werfen [strong, *haben*]
to throw

PRESENT PARTICIPLE	PAST PARTICIPLE
werfend	geworfen

PRESENT INDICATIVE	PRESENT SUBJUNCTIVE
ich werfe	ich werfe
du wirfst	du werfest
er wirft	er werfe
wir werfen	wir werfen
ihr werft	ihr werfet
sie werfen	sie werfen
IMPERFECT INDICATIVE	**IMPERFECT SUBJUNCTIVE**
ich warf	ich würfe
du warfst	du würfest
er warf	er würfe
wir warfen	wir würfen
ihr warft	ihr würfet
sie warfen	sie würfen
FUTURE INDICATIVE	**CONDITIONAL**
ich werde werfen	ich würde werfen
du wirst werfen	du würdest werfen
er wird werfen	er würde werfen
wir werden werfen	wir würden werfen
ihr werdet werfen	ihr würdet werfen
sie werden werfen	sie würden werfen
PERFECT INDICATIVE	**PLUPERFECT SUBJUNCTIVE**
ich habe geworfen	ich hätte geworfen
du hast geworfen	du hättest geworfen
er hat geworfen	er hätte geworfen
wir haben geworfen	wir hätten geworfen
ihr habt geworfen	ihr hättet geworfen
sie haben geworfen	sie hätten geworfen

IMPERATIVE: wirf! werfen wir! werft! werfen Sie!

183 **wiegen** [strong, *haben*]
to weigh

PRESENT PARTICIPLE	PAST PARTICIPLE
wiegend	gewogen

PRESENT INDICATIVE	PRESENT SUBJUNCTIVE
ich wiege	ich wiege
du wiegst	du wiegest
er wiegt	er wiege
wir wiegen	wir wiegen
ihr wiegt	ihr wieget
sie wiegen	sie wiegen
IMPERFECT INDICATIVE	IMPERFECT SUBJUNCTIVE
ich wog	ich wöge
du wogst	du wögest
er wog	er wöge
wir wogen	wir wögen
ihr wogt	ihr wöget
sie wogen	sie wögen
FUTURE INDICATIVE	CONDITIONAL
ich werde wiegen	ich würde wiegen
du wirst wiegen	du würdest wiegen
er wird wiegen	er würde wiegen
wir werden wiegen	wir würden wiegen
ihr werdet wiegen	ihr würdet wiegen
sie werden wiegen	sie würden wiegen
PERFECT INDICATIVE	PLUPERFECT SUBJUNCTIVE
ich habe gewogen	ich hätte gewogen
du hast gewogen	du hättest gewogen
er hat gewogen	er hätte gewogen
wir haben gewogen	wir hätten gewogen
ihr habt gewogen	ihr hättet gewogen
sie haben gewogen	sie hätten gewogen

IMPERATIVE: wieg(e)! wiegen wir! wiegt! wiegen Sie!

winden [strong, *haben*] 184

to wind

PRESENT PARTICIPLE	PAST PARTICIPLE
windend	gewunden

PRESENT INDICATIVE	PRESENT SUBJUNCTIVE
ich winde	ich winde
du windest	du windest
er windet	er winde
wir winden	wir winden
ihr windet	ihr windet
sie winden	sie winden
IMPERFECT INDICATIVE	**IMPERFECT SUBJUNCTIVE**
ich wand	ich wände
du wandest	du wändest
er wand	er wände
wir wanden	wir wänden
ihr wandet	ihr wändet
sie wanden	sie wänden
FUTURE INDICATIVE	**CONDITIONAL**
ich werde winden	ich würde winden
du wirst winden	du würdest winden
er wird winden	er würde winden
wir werden winden	wir würden winden
ihr werdet winden	ihr würdet winden
sie werden winden	sie würden winden
PERFECT INDICATIVE	**PLUPERFECT SUBJUNCTIVE**
ich habe gewunden	ich hätte gewunden
du hast gewunden	du hättest gewunden
er hat gewunden	er hätte gewunden
wir haben gewunden	wir hätten gewunden
ihr habt gewunden	ihr hättet gewunden
sie haben gewunden	sie hätten gewunden

IMPERATIVE: wind(e)! winden wir! windet! winden Sie!

185 wissen [mixed, *haben*]
to know

PRESENT PARTICIPLE	PAST PARTICIPLE
wissend	gewußt

PRESENT INDICATIVE	PRESENT SUBJUNCTIVE
ich weiß	ich wisse
du weißt	du wissest
er weiß	er wisse
wir wissen	wir wissen
ihr wißt	ihr wisset
sie wissen	sie wissen
IMPERFECT INDICATIVE	**IMPERFECT SUBJUNCTIVE**
ich wußte	ich wüßte
du wußtest	du wüßtest
er wußte	er wüßte
wir wußten	wir wüßten
ihr wußtet	ihr wüßtet
sie wußten	sie wüßten
FUTURE INDICATIVE	**CONDITIONAL**
ich werde wissen	ich würde wissen
du wirst wissen	du würdest wissen
er wird wissen	er würde wissen
wir werden wissen	wir würden wissen
ihr werdet wissen	ihr würdet wissen
sie werden wissen	sie würden wissen
PERFECT INDICATIVE	**PLUPERFECT SUBJUNCTIVE**
ich habe gewußt	ich hätte gewußt
du hast gewußt	du hättest gewußt
er hat gewußt	er hätte gewußt
wir haben gewußt	wir hätten gewußt
ihr habt gewußt	ihr hättet gewußt
sie haben gewußt	sie hätten gewußt

IMPERATIVE: wisse! wissen wir! wisset! wissen Sie!

wollen [modal, *haben*]
to want

PRESENT PARTICIPLE	PAST PARTICIPLE
wollend	gewollt/wollen*

PRESENT INDICATIVE	PRESENT SUBJUNCTIVE
ich will	ich wolle
du willst	du wollest
er will	er wolle
wir wollen	wir wollen
ihr wollt	ihr wollet
sie wollen	sie wollen
IMPERFECT INDICATIVE	**IMPERFECT SUBJUNCTIVE**
ich wollte	ich wollte
du wolltest	du wolltest
er wollte	er wollte
wir wollten	wir wollten
ihr wolltet	ihr wolltet
sie wollten	sie wollten
FUTURE INDICATIVE	**CONDITIONAL**
ich werde wollen	ich würde wollen
du wirst wollen	du würdest wollen
er wird wollen	er würde wollen
wir werden wollen	wir würden wollen
ihr werdet wollen	ihr würdet wollen
sie werden wollen	sie würden wollen
PERFECT INDICATIVE	**PLUPERFECT SUBJUNCTIVE**
ich habe gewollt/wollen	ich hätte gewollt/wollen
du hast gewollt/wollen	du hättest gewollt/wollen
er hat gewollt/wollen	er hätte gewollt/wollen
wir haben gewollt/wollen	wir hätten gewollt/wollen
ihr habt gewollt/wollen	ihr hättet gewollt/wollen
sie haben gewollt/wollen	sie hätten gewollt/wollen

IMPERATIVE: wolle! wollen wir! wollt! wollen Sie!

* *The second form is used when combined with an infinitive.*

187 wringen [strong, *haben*]
to wring

PRESENT PARTICIPLE	PAST PARTICIPLE
wringend	gewrungen

PRESENT INDICATIVE	PRESENT SUBJUNCTIVE
ich wringe	ich wringe
du wringst	du wringest
er wringt	er wringe
wir wringen	wir wringen
ihr wringt	ihr wringet
sie wringen	sie wringen
IMPERFECT INDICATIVE	**IMPERFECT SUBJUNCTIVE**
ich wrang	ich wränge
du wrangst	du wrängest
er wrang	er wränge
wir wrangen	wir wrängen
ihr wrangt	ihr wränget
sie wrangen	sie wrängen
FUTURE INDICATIVE	**CONDITIONAL**
ich werde wringen	ich würde wringen
du wirst wringen	du würdest wringen
er wird wringen	er würde wringen
wir werden wringen	wir würden wringen
ihr werdet wringen	ihr würdet wringen
sie werden wringen	sie würden wringen
PERFECT INDICATIVE	**PLUPERFECT SUBJUNCTIVE**
ich habe gewrungen	ich hätte gewrungen
du hast gewrungen	du hättest gewrungen
er hat gewrungen	er hätte gewrungen
wir haben gewrungen	wir hätten gewrungen
ihr habt gewrungen	ihr hättet gewrungen
sie haben gewrungen	sie hätten gewrungen

IMPERATIVE: wring(e)! wringen wir! wringt! wringen Sie!

ziehen [strong, *sein/haben*]
to go/to pull

PRESENT PARTICIPLE	PAST PARTICIPLE
ziehend	gezogen

PRESENT INDICATIVE	PRESENT SUBJUNCTIVE
ich ziehe	ich ziehe
du ziehst	du ziehest
er zieht	er ziehe
wir ziehen	wir ziehen
ihr zieht	ihr ziehet
sie ziehen	sie ziehen
IMPERFECT INDICATIVE	**IMPERFECT SUBJUNCTIVE**
ich zog	ich zöge
du zogst	du zögest
er zog	er zöge
wir zogen	wir zögen
ihr zogt	ihr zöget
sie zogen	sie zögen
FUTURE INDICATIVE	**CONDITIONAL**
ich werde ziehen	ich würde ziehen
du wirst ziehen	du würdest ziehen
er wird ziehen	er würde ziehen
wir werden ziehen	wir würden ziehen
ihr werdet ziehen	ihr würdet ziehen
sie werden ziehen	sie würden ziehen
PERFECT INDICATIVE	**PLUPERFECT SUBJUNCTIVE**
ich bin/habe gezogen	ich wäre/hätte gezogen
du bist/hast gezogen	du wär(e)st/hättest gezogen
er ist/hat gezogen	er wäre/hätte gezogen
wir sind/haben gezogen	wir wären/hätten gezogen
ihr seid/habt gezogen	ihr wär(e)t/hättet gezogen
sie sind/haben gezogen	sie wären/hätten gezogen

IMPERATIVE: zieh(e)! ziehen wir! zieht! ziehen Sie!

189 **zwingen** [strong, *haben*]
to force

PRESENT PARTICIPLE	PAST PARTICIPLE
zwingend	gezwungen

PRESENT INDICATIVE	PRESENT SUBJUNCTIVE
ich zwinge	ich zwinge
du zwingst	du zwingest
er zwingt	er zwinge
wir zwingen	wir zwingen
ihr zwingt	ihr zwinget
sie zwingen	sie zwingen
IMPERFECT INDICATIVE	**IMPERFECT SUBJUNCTIVE**
ich zwang	ich zwänge
du zwangst	du zwängest
er zwang	er zwänge
wir zwangen	wir zwängen
ihr zwangt	ihr zwänget
sie zwangen	sie zwängen
FUTURE INDICATIVE	**CONDITIONAL**
ich werde zwingen	ich würde zwingen
du wirst zwingen	du würdest zwingen
er wird zwingen	er würde zwingen
wir werden zwingen	wir würden zwingen
ihr werdet zwingen	ihr würdet zwingen
sie werden zwingen	sie würden zwingen
PERFECT INDICATIVE	**PLUPERFECT SUBJUNCTIVE**
ich habe gezwungen	ich hätte gezwungen
du hast gezwungen	du hättest gezwungen
er hat gezwungen	er hätte gezwungen
wir haben gezwungen	wir hätten gezwungen
ihr habt gezwungen	ihr hättet gezwungen
sie haben gezwungen	sie hätten gezwungen

IMPERATIVE: zwing(e)! zwingen wir! zwingt! zwingen Sie!

The definite article: der, die das *(the)*

The definite article varies in German depending on the gender, case and number of the noun. The following table shows the declension of the definite article:

	singular			plural
	masc	fem	neut	all genders
nom	**der**	**die**	**das**	**die**
acc	**den**	**die**	**das**	**die**
gen	**des**	**der**	**des**	**der**
dat	**dem**	**der**	**dem**	**den**

Examples:

	singular		
	masculine	feminine	neuter
nom	**der** Mann	**die** Frau	**das** Kind
acc	**den** Mann	**die** Frau	**das** Kind
gen	**des** Mann(e)s	**der** Frau	**des** Kind(e)s
dat	**dem** Mann(e)	**der** Frau	**dem** Kind(e)

Note the ending of masculine and neuter singular nouns in the genitive and dative cases. In both cases, the **e** is optional for the nouns illustrated.

	plural		
	masculine	feminine	neuter
nom	**die** Männer	**die** Frauen	**die** Kinder
acc	**die** Männer	**die** Frauen	**die** Kinder
gen	**der** Männer	**der** Frauen	**der** Kinder
dat	**den** Männern	**den** Frauen	**den** Kindern

Note that in the dative plural all nouns end in **n** or **en**. (Exception: those whose plural ends in **s**, e.g. den Babys.)

Words declined like the definite article

The following are declined like the definite article shown on page 213:

dieser this
jener that
jeder each
solcher such a, such
mancher many a, many
welcher which
irgendwelcher some, any
aller all
beide both (*plural forms only*)
sämtlicher all

All these words take the following endings:

	singular			plural
	masc	fem	neut	all genders
nom	**-er**	**-e**	**-es**	**-e**
acc	**-en**	**-e**	**-es**	**-e**
gen	**-es**	**-er**	**-es**	**-er**
dat	**-em**	**-er**	**-em**	**-en**

Example: dieser, diese, dieses

	singular		
	masculine	feminine	neuter
nom	**dieser** Mann	**diese** Frau	**dieses** Kind
acc	**diesen** Mann	**diese** Frau	**dieses** Kind
gen	**dieses** Mann(e)s	**dieser** Frau	**dieses** Kind(e)s
dat	**diesem** Mann(e)	**dieser** Frau	**diesem** Kind(e)

	plural		
	masculine	feminine	neuter
nom	**diese** Männer	**diese** Frauen	**diese** Kinder
acc	**diese** Männer	**diese** Frauen	**diese** Kinder
gen	**dieser** Männer	**dieser** Frauen	**dieser** Kinder
dat	**diesen** Männern	**diesen** Frauen	**diesen** Kindern

The indefinite article: ein, eine, ein *(a, an)*

	masculine	feminine	neuter
nom	**ein** Mann	**eine** Frau	**ein** Kind
acc	**einen** Mann	**eine** Frau	**ein** Kind
gen	**eines** Mann(e)s	**einer** Frau	**eines** Kind(e)s
dat	**einem** Mann(e)	**einer** Frau	**einem** Kind(e)

The indefinite article has no plural forms.

The negative article: kein, keine, kein *(not any, no)*

	singular		
	masculine	feminine	neuter
nom	**kein** Mann	**keine** Frau	**kein** Kind
acc	**keinen** Mann	**keine** Frau	**kein** Kind
gen	**keines** Mann(e)s	**keiner** Frau	**keines** Kind(e)s
dat	**keinem** Mann(e)	**keiner** Frau	**keinem** Kind(e)

	plural		
	masculine	feminine	neuter
nom	**keine** Männer	**keine** Frauen	**keine** Kinder
acc	**keine** Männer	**keine** Frauen	**keine** Kinder
gen	**keiner** Männer	**keiner** Frauen	**keiner** Kinder
dat	**keinen** Männern	**keinen** Frauen	**keinen** Kindern

Words which follow this declension pattern are:
irgendein some . . .or other (*singular only*)
mein my
dein your
sein his/its
ihr her/its/their
unser our
euer your (*to more than one person*)
Ihr your (*polite form*)
These are exemplified on the next page.

All these words take the following endings:

	singular			plural
	masc	fem	neut	all genders
nom	–	**-e**	–	**-e**
acc	**-en**	**-e**	–	**-e**
gen	**-es**	**-er**	**-es**	**-er**
dat	**-em**	**-er**	**-em**	**-en**

Example: mein, meine, mein

	singular		
	masculine	feminine	neuter
nom	**mein** Mann	**meine** Frau	**mein** Kind
acc	**meinen** Mann	**meine** Frau	**mein** Kind
gen	**meines** Mann(e)s	**meiner** Frau	**meines** Kind(e)s
dat	**meinem** Mann(e)	**meiner** Frau	**meinem** Kind(e)

	plural		
	masculine	feminine	neuter
nom	**meine** Männer	**meine** Frauen	**meine** Kinder
acc	**meine** Männer	**meine** Frauen	**meine** Kinder
gen	**meiner** Männer	**meiner** Frauen	**meiner** Kinder
dat	**meinen** Männern	**meinen** Frauen	**meinen** Kindern

Example: ihr, ihre, ihr

	singular		
	masculine	feminine	neuter
nom	**ihr** Mann	**ihre** Frau	**ihr** Kind
acc	**ihren** Mann	**ihre** Frau	**ihr** Kind
gen	**ihres** Mann(e)s	**ihrer** Frau	**ihres** Kind(e)s
dat	**ihrem** Mann(e)	**ihrer** Frau	**ihrem** Kind(e)

	plural		
	masculine	feminine	neuter
nom	**ihre** Männer	**ihre** Frauen	**ihre** Kinder
acc	**ihre** Männer	**ihre** Frauen	**ihre** Kinder
gen	**ihrer** Männer	**ihrer** Frauen	**ihrer** Kinder
dat	**ihren** Männern	**ihren** Frauen	**ihren** Kindern

The declension of adjectives

There are two ways of using adjectives: attributively (before a noun) and non-attributively (after a verb). When used non-attributively, as in 'the book is *new*', German adjectives are used in their basic form, with no endings added. When attributive, however, as in 'the *new* book', adjectives in German take endings that reflect the gender and case of the noun they describe. These endings also depend on the nature of the article preceding them:

The weak declension

i.e. adjective endings after **der**, **dieser** *etc* (see list p. 214)

	singular			plural
	masc	fem	neut	all genders
nom	**-e**	**-e**	**-e**	**-en**
acc	**-en**	**-e**	**-e**	**-en**
gen	**-en**	**-en**	**-en**	**-en**
dat	**-en**	**-en**	**-en**	**-en**

Examples:

	singular		
	masculine	feminine	neuter
nom	**der gute** Mann	**die gute** Frau	**das gute** Kind
acc	**den guten** Mann	**die gute** Frau	**das gute** Kind
gen	**des guten** Mann(e)s	**der guten** Frau	**des guten** Kind(e)s
dat	**dem guten** Mann(e)	**der guten** Frau	**dem guten** Kind(e)

	plural		
	masculine	feminine	neuter
nom	**die guten** Männer	**die guten** Frauen	**die guten** Kinder
acc	**die guten** Männer	**die guten** Frauen	**die guten** Kinder
gen	**der guten** Männer	**der guten** Frauen	**der guten** Kinder
dat	**den guten** Männern	**den guten** Frauen	**den guten** Kindern

The mixed declension

i.e. adjective endings after **ein**, **mein** *etc* (see list p. 215)

	singular			plural
	masc	fem	neut	all genders
nom	**-er**	**-e**	**-es**	**-en**
acc	**-en**	**-e**	**-es**	**-en**
gen	**-en**	**-en**	**-en**	**-en**
dat	**-en**	**-en**	**-en**	**-en**

Examples:

singular		
masculine	feminine	neuter
mein gut**er** Mann	mein**e** gut**e** Frau	mein gut**es** Kind
mein**en** gut**en** Mann	mein**e** gut**e** Frau	mein gut**es** Kind
mein**es** gut**en** Mann(e)s	mein**er** gut**en** Frau	mein**es** gut**en** Kind(e)s
mein**em** gut**en** Mann(e)	mein**er** gut**en** Frau	mein**em** gut**en** Kind(e)

plural		
masculine	feminine	neuter
mein**e** gut**en** Männer	mein**e** gut**en** Frauen	mein**e** gut**en** Kinder
mein**e** gut**en** Männer	mein**e** gut**en** Frauen	mein**e** gut**en** Kinder
mein**er** gut**en** Männer	mein**er** gut**en** Frauen	mein**er** gut**en** Kinder
mein**en** gut**en** Männer**n**	mein**en** gut**en** Frauen	mein**en** gut**en** Kinder**n**

The strong declension

i.e. adjective endings when there is no preceding article or other word to indicate gender, case or number.

This declension is also used when an adjective is preceded by one of the following:

ein bißchen
ein wenig
ein paar
weniger
allerhand
keinerlei
mancherlei
etwas
mehr
allerlei
lauter
solch
vielerlei
mehrerlei
welcherlei
viel
wievielerlei
welch
manch
wenig
zweierlei
dreierlei *etc*
zwei, drei *etc*

Strong declension endings:

	singular			plural
	masc	fem	neut	all genders
nom	**-er**	**-e**	**-es**	**-e**
acc	**-en**	**-e**	**-es**	**-e**
gen	**-en**	**-er**	**-en**	**-er**
dat	**-em**	**-er**	**-em**	**-en**

Examples:

	singular		
	masculine	feminine	neuter
nom	gut**er** Käse	gut**e** Marmelade	gut**es** Bier
acc	gut**en** Käse	gut**e** Marmelade	gut**es** Bier
gen	gut**en** Käses	gut**er** Marmelade	gut**en** Biers
dat	gut**em** Käse	gut**er** Marmelade	gut**em** Bier

	plural		
	masculine	feminine	neuter
nom	gut**e** Käse	gut**e** Marmeladen	gut**e** Biere
acc	gut**e** Käse	gut**e** Marmeladen	gut**e** Biere
gen	gut**er** Käse	gut**er** Marmeladen	gut**er** Biere
dat	gut**en** Käsen	gut**en** Marmeladen	gut**en** Bieren

Some spelling changes when adjectives are declined

When the adjective **hoch** is declined the spelling of its stem is changed to **hoh-**, as for example: **ein hohes Gebäude, ein hoher Turm**.

Adjectives ending in **-el** lose the **-e** of the stem when inflected: **in einem dunklen Zimmer**.

Adjectives with an **-er** ending often drop the **-e** of the ending when inflected: **der Wein war teuer; er kaufte einen teuren Wein**.

Nouns formed from adjectives and participles

In common with other nouns, nouns formed from adjectives or a participle (adjectival nouns) begin with a capital letter and may be preceded by an article or possessive adjective *etc*. However, like adjectives, they take endings depending on number, gender and case, and on the word preceding them.

Example: after **der/die/das** or words listed on p. 214

	singular		
	masculine	feminine	neuter
nom	**der** Angestellte	**die** Bekannte	**das** Neue
acc	**den** Angestellten	**die** Bekannte	**das** Neue
gen	**des** Angestellten	**der** Bekannten	**des** Neuen
dat	**dem** Angestellten	**der** Bekannten	**dem** Neuen

	plural
	all genders
nom	**die** Angestellten
acc	**die** Angestellten
gen	**der** Angestellten
dat	**den** Angestellten

Example: after **kein/keine/kein** or words listed on p. 215

	singular		
	masculine	feminine	neuter
nom	**kein** Angestellter	**keine** Bekannte	**kein** Neues
acc	**keinen** Angestellten	**keine** Bekannte	**kein** Neues
gen	**keines** Angestellten	**keiner** Bekannten	**keines** Neuen
dat	**keinem** Angestellten	**keiner** Bekannten	**keinem** Neuen

	plural
	all genders
nom	**keine** Angestellten
acc	**keine** Angestellten
gen	**keiner** Angestellten
dat	**keinen** Angestellten

Weak masculine nouns

Some masculine nouns have a weak declension, with all cases of the noun apart from the nominative singular ending in **-en**, or, if the word ends in a vowel, in **-n**.

Such weak masculine nouns are declined as follows:

	singular	plural
nom	der Junge	die Junge**n**
acc	den Junge**n**	die Junge**n**
gen	des Junge**n**	der Junge**n**
dat	dem Junge**n**	den Junge**n**

Nouns falling into this category include:

der Mensch (-en)
der Experte (-n)
der Dirigent (-en)
der Architekt (-en)
der Vorfahr (-en)
der Fotograf (-en)
der Vorsitzende (-n)
der Geologe (-n)
der Prinz (-en)
der Steinmetz (-en)
der Bauer (-n)
der Franzose (-n)
der Deutsche (-n)
der Türke (-n)
der Kosak (-en)
der Herr (-n)
der Kollege (-n)
der Polizist (-en)
der Astronaut (-en)
der Journalist (-en)
der Fluglotse (-n)
der Psychologe (-n)
der Held (-en)
der Spatz (-en)
der Ochs (-en)
der Ungar (-n)
der Jugoslawe (-n)
der Portugiese (-n)
der Bayer (-n)
der Katholik (-en)

Some nouns in this group also add the **-s** ending in the genitive singular:

nom: der Name
gen: des Namen**s**

nom: der Gedanke
gen: des Gedanken**s**

Pronouns

Personal pronouns

nominative	accusative	dative
ich I	**mich** me	**mir** to me
du you	**dich** you	**dir** to you
er he/it	**ihn** him/it	**ihm** to him/it
sie she/it	**sie** her/it	**ihr** to her/it
es it	**es** it	**ihm** to it
wir we	**uns** us	**uns** to us
ihr you (*plural*)	**euch** you	**euch** to you
sie they	**sie** them	**ihnen** to them
Sie you (*polite*)	**Sie** you	**Ihnen** to you

Reflexive pronouns

		acc	dat
singular	1st. person	**mich**	**mir**
	2nd. person	**dich**	**dir**
	3rd. person	**sich**	**sich**
plural	1st. person	**uns**	**uns**
	2nd. person	**euch**	**euch**
	3rd. person	**sich**	**sich**

Interrogative pronouns

	who/to whom? *etc*	what/to what? *etc*
nom	**wer**	**was**
acc	**wen**	**was**
gen	**wessen**	**wessen**
dat	**wem**	–

elative pronouns

	singular			plural
	masc	fem	neut	all genders
nom	**der**	**die**	**das**	**die**
acc	**den**	**die**	**das**	**die**
gen	**dessen**	**deren**	**dessen**	**deren**
dat	**dem**	**der**	**dem**	**denen**

N.B. The relative pronoun cannot be omitted in German as it sometimes is in English.

Possessive pronouns

These agree in number, gender and case with the noun they replace, and have identical endings to possessive adjectives (see list on page 215) EXCEPT in the masculine nominative singular and the neuter nominative and accusative singular.

The endings are as follows (compare table on page 216):

	singular			plural
	masc	fem	neut	all genders
nom	**-ER**	**-e**	**-ES**	**-e**
acc	**-en**	**-e**	**-ES**	**-e**
gen	**-es**	**-er**	**-es**	**-er**
dat	**-em**	**-er**	**-em**	**-en**

he possessive pronouns, shown here in their masculine ingular form, are:

ieiner mine
einer yours
einer his/its
rer hers/its/theirs
ns(e)rer ours
u(e)rer yours (*to more than one person*)
rer yours (*polite form*)

REFERENCE LIST

All the most used verbs of German are given here with their salient features to show you how to conjugate them. The number accompanying each verb refers you to a verb pattern in the main verb tables.
Also included are irregular past participles and other verb parts, cross-referred to their infinitive.

Abbreviations

wk	weak verb; see pages 4 and 5
st	strong verb; see pages 4 and 9
mi	mixed verb; see pages 4 and 11
mo	modal verb; see page 4
ins	inseparable verb; see pages 4 and 19, models number 25 (strong) and 26 (weak)
|	placed between prefix and verb indicates a separable verb; see pages 4 and 19, models number 1 (strong) and 4 (weak)
h	conjugated with "haben"; see page 13
s	conjugated with "sein"; see page 13
ge	takes the prefix "ge-" in past participle
acc	accusative case
dat	dative case
gen	genitive case
ptp	past participle
sich	reflexive verb; see page 21
(sich)	verb is sometimes reflexive

ab|arbeiten	*wk*,h,ge 2
ab|bauen	*wk*,h,ge 4
ab|berufen	*st*,h 106
ptp abberufen	
ab|bestellen	*wk*,h 4
ptp abbestellt	
ab|bezahlen	*wk*,h 69
ptp abbezahlt	
ab|biegen	*st*,h/s,ge 11
ab|bilden	*wk*,h,ge 9
ab|blenden	*wk*,h,ge 9
ab|brechen	*st*,h/s,ge 1
ab|brennen	*mi*,h/s,ge 1
ab|bringen	*mi*,h,ge 2
ab|drehen	*wk*,h,ge
ab|dunkeln	*wk*,h,ge 6
ab|ebben	*wk*,s,ge
aberkannt←ab|erkennen	

ab|erkennen	*mi*,h 70
ab|fahren	*st*,s,ge 30
ab|fallen	*st*,s,ge 31
ab|fangen	*st*,h,ge 32
ab|fassen	*wk*,h,ge 59
ab|fertigen	*wk*,h,ge 4
ab|fliegen	*st*,s,ge 36
ab|fragen	*wk*,h,ge 4
ab|führen	*wk*,h,ge 4
ab|geben	*st*,h,ge 43
abgebogen ← ab|biegen	
abgebracht ← ab|bringen	
abgebrannt ← ab|brennen	
abgebrochen ← ab|brechen	
abgeflogen ← ab|fliegen	
abgegangen ← ab|gehen	
ab|gehen	*st*,s,ge 45
abgeholfen ← ab|helfen	
abgelegen ← ab|liegen	
abgenommen ← ab|nehmen	
abgerissen ← ab|reißen	
abgesandt ← ab|senden	
abgeschossen ← ab|schießen	
abgeschnitten ← ab|schneiden	
abgesprochen ← ab|sprechen	
abgestritten ← ab|streiten	
abgetrieben ← ab|treiben	
abgewichen ← ab|weichen	
abgewiesen ← ab|weisen	
ab|gewöhnen	*wk*,h 69
ptp abgewöhnt	
abgezogen ← ab|ziehen	
ab|gucken	*wk*,h,ge 4
ab|hängen	*st*,h,ge 63
ab|härten	*wk*,h,ge 2
ab|holen	*wk*,h,ge 4
ab|hören	*wk*,h,ge 4
ab|kaufen	*wk*,h,ge 4
ab|kommen	*st*,s,ge 74
ab|kürzen	*wk*,h,ge 67
ab|laden	*st*,h,ge 77
ab|laufen	*st*,s,ge 79
ab|legen	*wk*,h,ge 4
ab|lehnen	*wk*,h,ge 4
ab|leiten	*wk*,h,ge 2
(sich *acc*) ab|lenken	*wk*,h,ge 4
ab|lesen	*st*,h,ge 82
ab|leugnen	*wk*,h,ge 97
ab|liefern	*wk*,h,ge 174
ab|locken	*wk*,h,ge 4
ab|lösen	*wk*,h,ge 95
ab|machen	*wk*,h,ge 4
ab|magern	*wk*,s,ge 174
ab|marschieren	*wk*,s 157
ptp abmarschiert	
ab|nehmen	*st*,h,ge 90
ab|nutzen	*wk*,h,ge 67
abonnieren	*wk*,h 157
ab|ordnen	*wk*,h,ge 97
ab|raten	*st*,h,ge 96
ab|rechnen	*wk*,h,ge 97
ab|reisen	*wk*,s,ge 95
ab|reißen	*st*,h,ge 100
ab|rollen	*wk*,h/s,ge 4
ab|sagen	*wk*, +*dat*,h,ge 4
ab|schaffen	*wk*,h,ge 4
ab|schalten	*wk*,h,ge 2
ab|schicken	*wk*,h,ge 4
ab|schießen	*st*,h,ge 116
ab|schlagen	*st*,h,ge 118
ab|schleifen	*st*,h,ge 120
ab|schließen	*st*,h,ge 121
(sich *acc*) ab|schnallen	*wk*,h,ge 4
(sich *acc*) ab|schneiden	*st*,h,ge 125
ab|schreiben	*st*,+*dat*,h,ge 126
ab|schwächen	*wk*,h,ge 4
(sich *acc*) ab|schrecken	*wk*,h,ge 4
ab|schwitzen	*wk*,h,ge 67
ab|sehen	*st*,h,ge 134
ab|senden	*mi*,h,ge 136

b|setzen *wk*,h,ge 67
(sich *acc*)
b|sperren *wk*,h,ge 4
b|spielen *wk*,h,ge 4
b|sprechen *st*,h,ge 144
b|stechen *st*,h,ge 147
b|steigen *st*,s,ge 151
b|stellen *wk*,h,ge 4
b|stimmen *wk*,h,ge 4
b|stoßen *st*,h,ge 154
b|streiten *st*,h,ge 156
b|stürzen *wk*,s,ge 67
b|stützen *wk*,h,ge 67
(sich *acc*)
ab|tragen *st*,h,ge 158
ab|transportieren *wk*,h 157
ptp abtransportiert
ab|treiben *st*,h/s,ge 160
ab|trennen *wk*,h,ge 4
ab|trocknen *wk*,h,ge 97
ab|wandern *wk*,s,ge 174
ab|warten *wk*,h,ge 2
ab|waschen *st*,h,ge 175
ab|wechseln *wk*,h,ge 62
(sich *acc*)
ab|weichen *st*,s,ge 177
ab|weisen *st*,h,ge 178
ab|werten *wk*,h,ge 2
ab|wickeln *wk*,h,ge 62
(sich *acc*)
ab|zahlen *wk*,h,ge 4
ab|zapfen *wk*,h,ge 4
ab|zehren *wk*,h,ge 4
(sich *acc*)
ab|zeichnen *wk*,h,ge 97
(sich *acc*)
ab|ziehen *st*,h/s,ge 188
achten *wk*,h,ge 2
ächzen *wk*,h,ge 67
addieren *wk*,h 157
adressieren *wk*,h 157
ahnden *wk*,h,ge 98
ähneln *wk*,+*dat*,h,ge 62
alarmieren *wk*,h 157
altern *wk*,s,ge 174
amüsieren *wk*,h 157
sich *acc*
an|bauen *wk*,h,ge 4
an|befehlen *st*,h 6
ptp anbefohlen
an|behalten *st*,h 61
ptp anbehalten
an|bellen *wk*,h,ge 4
an|beten *wk*,h,ge 4
an|bieten *st*,h,ge 12
an|binden *st*,h,ge 13
an|blicken *wk*,h,ge 4
an|braten *st*,h,ge 17
an|brechen *st*,h/s,ge 18
an|bremsen *wk*,h,ge 95
an|brennen *mi*,s,ge 19
ändern *wk*,h,ge 174
(sich *acc*)
an|deuten *wk*,h,ge 2
an|drehen *wk*,h,ge 4
anerkannt←an|erkennen
an|erkennen *mi*,h 70
an|fahren *st*,s,ge 30
an|fallen *st*,s,ge 31
an|fangen *st*,h,ge 32
an|fassen *wk*,h,ge 59
an|fechten *st*,h,ge 33
an|fertigen *wk*,h,ge 4
an|geben *st*,h,ge 43
angeboten←an|bieten
angebrannt←an|brennen
angebrochen←an|brechen
angebunden←an|binden
angefochten←an|fechten
angegangen←an|gehen
angegriffen←an|greifen
an|gehen *st*,s,ge 45
an|gehören *wk*,h 69
ptp angehört

angeln	*wk*,h,ge 62
angenommen←an|nehmen	
angeschlossen←an|schließen	
angesprochen←an|sprechen	
angestanden←an|stehen	
angetrieben←an|treiben	
angewiesen←an|weisen	
an|gewöhnen	*wk*,h 69
ptp angewöhnt	
angezogen←an|ziehen	
an|greifen	*st*,h,ge 58
an|haben	*st*,h,ge 60
an|haften	*wk*,h,ge 2
an|halten	*st*,h,ge 61
an|heben	*st*,h,ge 65
an|hören	*wk*,h,ge 4
an|klagen	*wk*,h,ge 4
an|kleiden	*wk*,h,ge 98
an|klopfen	*wk*,h,ge 4
an|kommen	*st*,s,ge 74
an|kreuzen	*wk*,h,ge 67
an|kündigen	*wk*,h,ge 4
an|langen	*wk*,s,ge 4
an|legen	*wk*,h,ge 4
an|lernen	*wk*,h,ge 4
an|machen	*wk*,h,ge 4
an|melden	*wk*,h,ge 98
an|merken	*wk*,h,ge 4
an|nähen	*wk*,h,ge 4
an|nehmen	*st*,h,ge 1
an|ordnen	*wk*,h,ge 97
an|passen (sich *acc*)	*wk*,h,ge 59
an|probieren	*wk*,h,ge 157
an|rechnen	*wk*,h,ge 97
an|reden	*wk*,h,ge 98
an|regen	*wk*,h,ge 4
an|reizen	*wk*,h,ge 67
an|richten	*wk*,h,ge 2
an|rufen	*st*,h,ge 106
an|rühren	*wk*,h,ge 4
an|sagen	*wk*,h,ge 4
an|schalten	*wk*,h,ge 2
an|schauen	*wk*,h,ge 4
an|schließen	*st*,h,ge 121
an|schneiden	*st*,h,ge 125
an|schreien	*st*,h,ge 127
an|sehen	*st*,h,ge 134
an|setzen	*wk*,h,ge 67
an|spannen	*wk*,h,ge 4
an|sprechen	*st*,h,ge 144
an|starren	*wk*,h,ge 4
an|stecken	*wk*,h,ge 4
an|stehen	*st*, h,ge 149
an|steigen	*st*,s,ge 151
an|stellen	*wk*,h,ge 4
an|stiften	*wk*,h,ge 2
an|stimmen	*wk*,h,ge 4
an|stoßen	*st*,s,ge 154
an|strengen (sich *acc*)	*wk*,h,ge 4
an|treiben	*st*,h/s,ge 160
an|treten	*st*,s,ge 161
antworten	*wk*,h,ge 2
an|vertrauen	*wk*,h 4
ptp anvertraut	
an|weisen	*st*,h,ge 178
an|wenden	*st*,h,ge 179
an|werben	*st*,h,ge 180
an|zeigen	*wk*,h,ge 4
an|ziehen	*st*,h,ge 188
an|zünden	*wk*,h,ge 98
arbeiten	*wk*,h,ge 2
ärgern	*wk*,h,ge 174
aß, äße←essen	
atmen	*wk*,h,ge 3
auf|bauen	*wk*,h,ge 4
auf|bewahren	*wk*,h 69
ptp aufbewahrt	
auf|bleiben	*st*,s,ge 16
auf|blühen	*wk*,s,ge 4
auf|brechen	*st*,h,ge 18
auf|essen	*st*,h,ge 29
auf|fallen	*st*, +*dat*,s,ge 31

auf|fangen	*st*, h,ge 32
auf|fassen	*wk*, h,ge 59
auf|fordern	*wk*, h,ge 174
auf|führen	*wk*, h,ge 4
auf|geben	*st*, h,ge 43
aufgeblieben ← auf|bleiben	
aufgebrochen ← auf|brechen	
aufgehoben ← auf|heben	
aufgenommen ← auf|nehmen	
aufgerieben ← auf|reiben	
aufgeschlossen ← auf|schließen	
aufgeschoben ← auf|schieben	
aufgestanden ← auf|stehen	
aufgestiegen ← auf|steigen	
aufgetrieben ← auf|treiben	
aufgewandt ← auf|wenden	
auf|haben	*st*, h,ge 60
auf|hängen	*st*, h,ge 63
auf|heben	*st*, h,ge 65
auf|heitern	*wk*, h,ge 174
auf|hören	*wk*, h,ge 4
auf|klären	*wk*, h,ge 4
auf|lösen	*wk*, h,ge 95
(sich *acc*)	
auf|machen	*wk*, h,ge 4
auf|muntern	*wk*, h,ge 174
auf|nehmen	*st*, h,ge 90
auf|opfern	*wk*, h,ge 174
auf|passen	*wk*, h,ge 59
auf|räumen	*wk*, h,ge 4
aufrecht|erhalten	*st*, h, 61
ptp aufrechterhalten	
auf|regen	*wk*, h,ge 4
auf|reiben	*st*, h,ge 99
auf|richten	*wk*, h,ge 2
(sich *acc*)	
auf|rufen	*st*, h,ge 106
auf|schieben	*st*, h,ge 115
auf|schließen	*st*, h,ge 121
auf|schreiben	*st*, h,ge 126
auf|sehen	*st*, h,ge 134
auf|setzen	*wk*, h,ge 67
auf|stehen	*st*, s,ge 149
auf|steigen	*st*, s,ge 151
auf|stellen	*wk*, h,ge 4
auf|tauchen	*wk*, s,ge 4
auf|tauen	*wk*, s,ge 4
auf|treiben	*st*, h,ge 160
auf|treten	*st*, s,ge 161
auf|wachen	*wk*, s,ge 4
auf|wachsen	*st*, s,ge 172
auf|wärmen	*wk*, h,ge 4
auf|wecken	*wk*, h,ge 4
auf|zählen	*wk*, h,ge 4
auf|zeichnen	*wk*, h,ge 97
auf|ziehen	*st*, h/s,ge 188
aus|arbeiten	*wk*, h,ge 2
aus|atmen	*wk*, h,ge 3
aus|bauen	*wk*, h,ge 4
aus|bessern	*wk*, h,ge 174
aus|beuten	*wk*, h,ge 2
aus|bilden	*wk*, h,ge 98
aus|bleiben	*st*, s,ge 16
aus|brechen	*st*, h,ge 18
aus|breiten	*wk*, h,ge 2
(sich *acc*)	
aus|brennen	*mi*, s,ge 19
aus|dehnen	*wk*, h,ge 4
aus|denken	*mi*, h,ge 21
sich *dat*	
aus|drücken	*wk*, h,ge 4
(sich *acc*)	
auseinander|setzen	*wk*, h,ge 67
aus|fallen	*st*, s,ge 31
aus|führen	*wk*, h,ge 4
aus|geben	*st*, h,ge 43
ausgebrannt ← aus|brennen	
ausgegangen ← aus|gehen	
aus|gehen	*st*, s,ge 45
ausgeschnitten ← aus|schneiden	
ausgesprochen ← aus|sprechen	
ausgestiegen ← aus|steigen	
ausgetrunken ← aus|trinken	
ausgewichen ← aus|weichen	

ausgezogen ← aus | ziehen	
aus | gleichen	*st*,h,ge 54
aus | halten	*st*,h,ge 61
aus | helfen	*st*,h,ge 68
aus | kennen (sich *acc*)	*mi*,h,ge 70
aus | kleiden	*wk*,h,ge 98
aus | kommen	*st*,s,ge 74
aus | lachen	*wk*,h,ge 4
aus | lassen	*st*,h,ge 78
aus | liefern	*wk*,h,ge 174
aus | lösen	*wk*,h,ge 95
aus | machen	*wk*,h,ge 4
aus | packen	*wk*,h,ge 4
aus | reden	*wk*,h,ge 98
aus | reichen	*wk*,h,ge 4
aus | reisen	*wk*,s,ge 95
aus | rotten	*wk*,h,ge 2
aus | rufen	*st*,h,ge 106
aus | ruhen sich *acc*	*wk*,h,ge 4
aus | sagen	*wk*,h,ge 4
aus | schalten	*wk*,h,ge 2
aus | scheiden	*st*,h,ge 125
aus | sehen	*st*,h,ge 134
äußern (sich *acc*)	*wk*,h,ge 174
aus | sondern	*wk*,h,ge 174
aus | sortieren *ptp* aussortiert	*wk*,h 157
aus | spannen	*wk*,h,ge 4
aus | sprechen	*st*,h,ge 144
aus | steigen	*st*,s,ge 151
aus | stellen	*wk*,h,ge 4
aus | stoßen	*st*,h,ge 154
aus | suchen	*wk*,h,ge 4
aus | teilen	*wk*,h,ge 4
aus | tragen	*st*,h,ge 158
aus | trinken	*st*,h,ge 162
aus | üben	*wk*,h,ge 4
aus | wählen	*wk*,h,ge 4
aus | wandern	*wk*,s,ge 174
aus | weichen	*st*,*+dat*,s,ge 177
aus | weisen	*st*,h,ge 178
aus | wirken	*wk*,h,ge 4
aus | zahlen	*wk*,h,ge 4
aus | ziehen	*st*,h,ge 188
backen	*st*,h,ge 5
baden	*wk*,h,ge 98
band, bände ← binden	
barg, bärge ← bergen	
barst, bärste ← bersten	
basteln	*wk*,h,ge 62
bat, bäte ← bitten	
bauen	*wk*,h,ge 69
beachten	*wk*, *ins*,h 2
beanspruchen	*wk*, *ins*,h 26
beantragen	*wk*, *ins*,h 26
beantworten	*wk*, *ins*, h 2
bearbeiten	*wk*, *ins*,h 2
beaufsichtigen	*wk*, *ins*,h 26
beauftragen	*wk*,*ins*,h 26
beben	*wk*,h,ge 69
bedanken sich *acc*	*wk*,*ins*,h 26
bedauern	*wk*,*ins*,h 174
bedenken (sich *acc*)	*mi*,*ins*,h 21
bedeuten	*wk*,*ins*,h 2
bedienen (sich *acc: +gen*)	*wk*,*ins*,h 26
bedrohen	*wk*,*ins*,h 26
bedrücken	*wk*,*ins*,h 26
bedürfen	*mi*,*ins*, *+gen*,h 24
beeilen sich *acc*	*wk*,*ins*,h 26
beeindrucken	*wk*,*ins*,h 26
beeinflussen *ptp* beeinflußt	*wk*,*ins*,h 26
beeinträchtigen	*wk*,*ins*,h 26
beenden	*wk*,*ins*,h 98
beerdigen	*wk*,*ins*,h 26
befähigen	*wk*,*ins*,h 26
befahl, befähle ← befehlen	

befallen	*st,ins*,h 31
befehlen	*st,ins*,h 6
befiehl ← befehlen	
befinden	*st,ins*,h 34
sich *acc*	
befohlen ← befehlen	
befördern	*wk,ins*,h 174
befragen	*wk,ins*,h 26
befreien	*wk,ins*,h 26
befremden	*wk,ins*,h 98
befriedigen	*wk,ins*,h 26
befürworten	*wk,ins*,h 2
begann, begänne ← beginnen	
begeben	*st,ins*, h 43
sich *acc*	
begegnen	*wk, +dat,ins*, s 97
begehen	*st,ins*, h 45
begehren	*wk,ins*, h 26
begeistern	*wk,ins*, h 174
begießen	*st,ins*, h 53
beginnen	*st,ins*, h 7
beglaubigen	*wk,ins*, h 26
begleiten	*wk,ins*, h 2
begnügen	*wk,ins*, h 26
sich *acc*	
begonnen, begönne ← beginnen	
begraben	*st,ins*, h 57
begreifen	*st,ins*, h 58
begrenzen	*wk,ins*, h 67
begründen	*wk,ins*, h 98
begrüßen	*wk,ins*, h 59
behalten	*st,ins*, h 61
behandeln	*wk,ins*, h 62
behaupten	*wk,ins*, h 2
behelfen	*st,ins*, h 68
beherrschen	*wk,ins*, h 26
behindern	*wk,ins*, h 174
beholfen ← behelfen	
behüten	*wk,ins*, h 2
bei | bringen	*st*,h,ge 20
beichten	*wk*,h,ge 2
bei | fügen	*wk*,h,ge 4
beigebracht ← bei | bringen	
bei | legen	*wk*,h,ge 4
beißen	*st*,h,ge 8
bei | stehen	*st, +dat*,h,ge 149
bei | stimmen	*wk, +dat*,h,ge 4
bei | tragen	*st*,h,ge 158
bei | treten	*st*,s,ge 161
bei | wohnen	*wk*,h,ge 4
bekämpfen	*wk,ins*, h 26
bekannt ← bekennen	
bekannt | geben	*st*, h,ge 43
beklagen	*wk,ins*, h 26
(sich *acc*)	
bekommen	*st, +dat,ins*, h 74
beladen	*st,ins*, h 77
belangen	*wk,ins*, h 69
belasten	*wk,ins*, h 2
(sich *acc*)	
beleidigen	*wk,ins*, h 26
belichten	*wk,ins*, h 2
bellen	*wk*,h,ge 69
belohnen	*wk,ins*, h 26
bemächtigen	*wk,ins*, h 26
sich *acc: +gen*	
bemerken	*wk,ins*, h 26
bemühen	*wk,ins*, h 26
sich *acc*	
benachrichtigen	*wk,ins*, h 26
benehmen	*st,ins*, h 90
sich *acc*	
beneiden	*wk,ins*, h 98
benötigen	*wk,ins*, h 26
benutzen	*wk,ins*, h 67
benützen	*wk,ins*, h 67
beobachten	*wk,ins*, h 2
beraten	*st,ins*, h 96
bereiten	*wk,ins*, h 101
bereuen	*wk,ins*, h 26
bergen	*st*,h,ge 9
berichten	*wk,ins*, h 2
bersten	*st*,s,ge 10
berücksichtigen	*wk,ins*, h 26

birst ← bersten
biß ← beißen
bist ← sein
bitten *st*,h,ge 14
blasen *st*,h,ge 15
bläst ← blasen
bleiben *st*,s,ge 16
blenden *wk*,h,ge 98
blicken *wk*,h,ge 69
blieb ← bleiben
blies ← blasen
blitzen *wk*,h,ge 67
blockieren *wk*,h 157
blühen *wk*h,ge 69
bluten *wk*,h,ge 2
bog, böge ← biegen
bohren *wk*,h,ge 69
bot, böte ← bieten
boykottieren *wk*,h 157
brach, bräche ← brechen
brachte, brächte ← bringen
brannte ← brennen
brät ← braten
braten *st*,h,ge 17
brauchen *wk*,h,ge 69
brechen *st*,h/s,ge 18
bremsen *wk*,h,ge 95
brennen *mi*,h,ge 19
briet ← braten
bringen *mi*,h,ge 20
brüllen *wk*,h,ge 69
buchen *wk*,h,ge 69
buchstabieren *wk*,h 157
bügeln *wk*,h,ge 62
bürsten *wk*,h,ge 2
büßen *wk*,h,ge 59
charakterisieren *wk*,h 157
dabei|sein *st*,s,ge 135
dabeigewesen ← dabei|sein
dachte, dächte ← denken
danken *wk*, +*dat*,h,ge 69
darf ← dürfen

dar|stellen *wk*,h,ge 4
da|sein *st*,s,ge 135
dauern *wk*,h,ge 174
davon|kommen *st*,s,ge 74
davon|machen *wk*,h,ge 4
sich *acc*
dazu|gehören *wk*,h 69
ptp dazugehört
decken *wk*,h,ge 69
(sich *acc*)
definieren *wk*,h 157
dehnen *wk*,h,ge 69
(sich *acc*)
delegieren *wk*,h 157
demonstrieren *wk*,h 157
demütigen *wk*,h,ge 69
denken *mi*,h,ge 21
denunzieren *wk*,h 157
desinfizieren *wk*,h 157
deuten *wk*,h,ge 2
dichten *wk*,h,ge 2
dienen *wk*, +*dat*,h,ge 69
diktieren *wk*,h 157
diskutieren *wk*,h 157
dolmetschen *wk*,h,ge 69
donnern *wk*,h/s,ge 174
dramatisieren *wk*,h 157
drang, dränge ← dringen
drehen *wk*,h,ge 69
(sich *acc*)
dreschen *st*,h,ge 22
dringen *st*,s,ge 23
drischt ← dreschen
drohen *wk*, +*dat*, h,ge 69
drosch, drösche ← dreschen
drosseln *wk*,h,ge 62
drucken *wk*,h,ge 69
drücken *wk*,h,ge 69
duften *wk*,h,ge 2
dulden *wk*,h,ge 98
durch|bringen *mi*,h,ge 20
durcheinander|bringen *mi*,h,ge 20

durchfahren *st,ins,* h 30
durch|fahren *st,* s,ge 30
durch|führen *wk* ,h,ge 4
durchgebracht ← durch|bringen
durch|halten *st* ,h,ge 61
durch|kommen *st* ,s,ge 74
durch|lesen *st* ,h,ge 82
durchschauen *wk,ins,* h 26
durch|schauen *wk* ,h,ge 4
durchsetzen *wk,ins,* h 67
durch|setzen *wk* ,h,ge 67
(sich *acc*)
durchsuchen *wk,ins,* h 26
durch|suchen *wk* ,h,ge 4
dürfen *mo* ,h,ge 24
durfte ← dürfen
duschen *wk* ,h,ge 69
(sich *acc*)
ehren *wk* ,h,ge 69
eignen *wk* ,h,ge 97
(sich *acc*)
eilen *wk* ,s,ge 69
ein|arbeiten *wk* ,h,ge 2
(sich *acc*)
ein|atmen *wk* ,h,ge 3
ein|beziehen *st* ,h 188
ptp einbezogen
ein|bilden *wk* ,h,ge 98
sich *dat*
ein|brechen *st* ,h/s,ge 18
ein|bringen *mi* ,h,ge 20
ein|bürgern *wk* ,h,ge 174
(sich *acc*)
ein|dringen *st* ,s,ge 23
ein|fallen *st,* +*dat* ,s,ge 31
ein|fließen *st* ,s,ge 38
ein|fühlen *wk* ,h,ge 4
sich *acc*
ein|führen *wk* ,h,ge 4
eingebracht ← ein|bringen
eingebrochen ← ein|brechen
eingegriffen ← ein|greifen

eingenommen ← ein|nehmen
eingeschnitten ← ein|schneiden
eingestanden ← ein|stehen
ein|gestehen *st* ,h 149
ptp eingestanden
eingetroffen ← ein|treffen
ein|greifen *st* ,h,ge 58
ein|halten *st* ,h,ge 61
ein|hängen *wk* ,h,ge 63
einigen *wk* ,h,ge 69
(sich *acc*)
ein|kaufen *wk* ,h,ge 4
ein|laden *st* ,h,ge 77
ein|lassen *st* ,h,ge 78
(sich *acc*)
ein|laufen *st* ,s,ge 79
ein|leben *wk* ,h,ge 4
ein|leiten *wk* ,h,ge 2
ein|mischen *wk* ,h,ge 4
sich *acc*
ein|nehmen *st* ,h,ge 90
ein|ordnen *wk* ,h,ge 97
(sich *acc*)
ein|reden *wk* ,h,ge 98
ein|richten *wk* ,h,ge 2
(sich *acc*)
ein|schalten *wk* ,h,ge 2
(sich *acc*)
ein|schenken *wk* ,h,ge 4
ein|schlafen *wk* ,s,ge 117
ein|schließen *st* ,h,ge 116
ein|schränken *wk* ,h,ge 4
(sich *acc*)
ein|schüchtern *wk* ,h,ge 174
ein|sehen *st* ,h,ge 134
ein|setzen *wk* ,h,ge 67
(sich *acc*)
ein|sperren *wk* ,h,ge 4
ein|stehen *st* ,s,ge 149
ein|steigen *st* ,s,ge 151
ein|stellen *wk* ,h,ge 4
(sich *acc*)

ein | stürzen *wk*,s,ge 67
ein | teilen *wk*,h,ge 4
ein | tragen *st*,h,ge 158
(sich *acc*)
ein | treffen *st*,s,ge 159
ein | treten *st*,s,ge 161
ein | wandern *wk*,s,ge 174
ein | weichen *st*,h,ge 177
ein | weihen *wk*,h,ge 4
ein | wenden *mi*,h,ge 98
ein | willigen *wk*,h,ge 4
ein | ziehen *st*,h/s,ge 188
ekeln *wk*,h,ge 62
(sich *acc*)
empfahl, empfähle ← empfehlen
empfangen *st,ins*, h 32
empfehlen *st,ins*, h 25
empfiehlst, empfiehlt ← empfehlen
empfinden *st,ins*, h 34
empfohlen ← empfehlen
empfunden ← empfinden
empören *wk,ins*, h 26
(sich *acc*)
empor | kommen *st*,s,ge 74
enden *wk*,h,ge 98
entbehren *wk,ins*, *+gen*, h 26
entbinden *st,ins*, h 13
entblößen *wk,ins*, h 26
entbunden ← entbinden
entdecken *wk,ins*, h 26
entfallen *st,ins*, h 31
entfernen *wk,ins*, h 26
(sich *acc*)
entführen *wk,ins*, h 26
entgegen | kommen *st*,s,ge 74
enthalten *st,ins*, h 61
entkommen *st,ins*, s 74
entlassen *st,ins*, h 78
entlaufen *st,ins*, s 79
entledigen *wk,ins*, h 26
(sich *acc*)
entleihen *st,ins*, h 81
entmutigen *wk,ins*, h 26
entnehmen *st,ins*, h 90
entnommen ← entnehmen
entreißen *st,ins*, h 100
entrissen ← entreißen
entscheiden *st,ins*, h 111
entschieden ← entscheiden
entschließen *st,ins*, h 121
sich *acc*
entschlossen ← entschließen
entschuldigen *wk,ins*, h 26
(sich *acc*)
entspannen *wk,ins*, h 26
(sich *acc*)
entsprechen *st,ins*, *+dat*, h 144
entsprochen ← entsprechen
entstand, entstanden ← entstehen
entstehen *st,ins*, s 149
enttäuschen *wk,ins*, h 26
entwickeln *wk,ins*, h 62
(sich *acc*)
entziehen *st,ins*, h 188
(sich *acc*)
entzog, entzogen ← entziehen
erarbeiten *wk,ins*, h 2
erben *wk*,h,ge 69
erdulden *wk,ins*, h 98
ereignen *wk,ins*, h 97
sich *acc*
erfahren *st,ins*, h 30
erfand ← erfinden
erfassen *wk,ins*, h 59
erfinden *st,ins*, h 34,25
erfordern *wk,ins*, h 174,26
erforschen *wk,ins*, h 26
erfrieren *st,ins*, s 41,25
erfror, erfroren ← erfrieren
erfuhr ← erfahren
erfunden ← erfinden
ergab ← ergeben
ergangen, erging ← ergehen

ergänzen (sich *acc*) *wk,ins*, h 67
ergeben (sich *acc*) *st,ins*, h 43
ergehen *st,ins*, s 45
ergreifen *st,ins*, h 58
ergriff, ergriffen ← ergreifen
erhalten *st,ins*, h 61
erheben (sich *acc*) *st,ins*, h 65
erholen sich *acc* *wk,ins*, h 26
erinnern (sich *acc: +gen*) *wk,ins*, h 174
erkälten sich *acc* *wk,ins*, h 2
erkannte, erkannt ← erkennen
erkennen *mi,ins*, h 70
erklären *wk,ins*, h 26
erklimmen *st,ins*, h 71
erklomm, erklommen ← erklimmen
erkundigen sich *acc* *wk,ins*, h 26
erlauben *wk,ins*, h 26
erleben *wk,ins*, h 26
erledigen *wk,ins*, h 26
erlernen *wk,ins*, h 26
erlischt, erlosch ← erlöschen
erlöschen *st,ins*, s 27
ermahnen *wk,ins*, h 26
ermitteln *wk,ins*, h 62
ermorden *wk,ins*, h 98
ernähren (sich *acc*) *wk,ins*, h 26
ernannte, ernannt ← ernennen
ernennen *mi,ins*, h 91
erneuern *wk,ins*, h 174
ernten *wk*, h,ge 2
erobern *wk,ins*, h 174
eröffnen *wk,ins*, h 97
erörtern *wk,ins*, h 174
erregen (sich *acc*) *wk,ins*, h 26
erreichen *wk,ins*, h 26
errichten *wk,ins*, h 2
erröten *wk,ins*, s 2
erscheinen *st,ins*, s 112
erschießen *st,ins*, h 116
erschossen ← erschießen
erschrak, erschräke ← erschrecken
erschrecken *st,ins*, s 28
erschrecken *wk,ins*, h 26
erschrickt, erschrocken ← erschrecken
erstaunen *wk,ins*, h/s 26
ersticken *wk,ins*, h/s 26
erteilen *wk,ins*, h 26
ertragen *st,ins*, h 158
ertrug ← ertragen
erwachen *wk,ins*, s 26
erwähnen *wk,ins*, h 26
erwarten *wk,ins*, h 2
erzählen *wk,ins*, h 26
erzeugen *wk,ins*, h 26
essen *st*, h,ge 29
fabrizieren *wk*, h 157
fahren *st*, h/s,ge 30
fährt ← fahren
fallen *st*, s,ge 31
fällst, fällt ← fallen
falten *wk*, h,ge 2
fand, fände ← finden
fangen *st*, h,ge 32
fängt ← fangen
färben (sich *acc*) *wk*, h,ge 69
fassen *wk*, h,ge 59
faulenzen *wk*, h,ge 67
fechten *st*, h,ge 33
fehlen *wk*, *+dat*, h,ge 69
feiern *wk*, h,ge 174
fern|sehen *st*, h,ge 134
fertigen *wk*, h,ge 69

fest|halten *st*,h,ge 61
fest|stellen *wk*,h,ge 4
fichst, ficht ← fechten
fiel ← fallen
filmen *wk*,h,ge 69
finden *st*,h,ge 34
fing ← fangen
fischen *wk*,h,ge 69
flechten *st*,h,ge 35
flichst, flicht ← flechten
fliegen *st*,h/s,ge 36
fliehen *st*,s,ge 37
fließen *st*,h,ge 38
flocht, flöchte ← flechten
flog, flöge ← fliegen
floh, flöhe ← fliehen
floß, flösse ← fließen
flüstern *wk*,h,ge 174
focht, föchte ← fechten
folgen *wk*, +*dat*,h,ge 69
foltern *wk*,h,ge 174
fordern *wk*,h,ge 174
fördern *wk*,h,ge 174
forschen *wk*,h,ge 69
fort|führen *wk*,h,ge 4
fort|laufen *st*,s,ge 79
fort|pflanzen *wk*,h,ge 67
  sich *acc*
fort|setzen *wk*,h,ge 67
fotografieren *wk*,h 157
fragen *wk*,h,ge 69
fraß, fräße ← fressen
freigesprochen ← frei|sprechen
frei|sprechen *st*,h,ge 144
fressen *st*,h,ge 39
freuen *wk*,h,ge 40
  sich *acc*
frieren *st*,h/s,ge 41
frißt ← fressen
fror, fröre ← frieren
frühstücken *wk*,h,ge 69
fühlen *wk*,h,ge 69
  (sich *acc*)
fuhr, führe ← fahren
führen *wk*,h,ge 69
füllen *wk*,h,ge 69
fürchten *wk*,h,ge 2
füttern *wk*,h,ge 174
gab, gäbe ← geben
gähnen *wk*,h,ge 69
galt, gälte ← gelten
garantieren *wk*,h 157
gebar, gebäre ← gebären
geben *st*,h,ge 43
gebeten ← bitten
gebissen ← beißen
geblichen ← bleichen
geblieben ← bleiben
gebogen ← biegen
geboren ← gebären
geborgen ← bergen
geborsten ← bersten
geboten ← bieten
gebracht ← bringen
gebrannt ← brennen
gebrauchen *wk*,*ins*,h 26
gebrochen ← brechen
gebunden ← binden
gedacht ← denken
gedeihen *st*,*ins*,s 44
gedieh, gediehen ← gedeihen
gedroschen ← dreschen
gedrungen ← dringen
gedurft ← dürfen
gefallen *st*,*ins*, +*dat*,h 31
geflochten ← flechten
geflogen ← fliegen
geflohen ← fliehen
geflossen ← fließen
gefochten ← fechten
gefrieren *st*,*ins*,s 41
gefroren ← frieren, gefrieren
gefunden ← finden

gegangen ← gehen
gegessen ← essen
geglichen ← gleichen
geglitten ← gleiten
geglommen ← glimmen
gegolten ← gelten
gegossen ← gießen
gegriffen ← greifen
gehen *st*, s,ge 45
gehoben ← heben
geholfen ← helfen
gehorchen *wk,ins, +dat*, h 26
gehören *wk,ins, +dat*, h 26
gekannt ← kennen
geklommen ← klimmen
geklungen ← klingen
gekniffen ← kneifen
gekonnt ← können
gekrochen ← kriechen
gelang, gelänge ← gelingen
gelangen *wk,ins*, s 26
gelegen ← liegen
geliehen ← leihen
gelingen *st,ins, +dat*, s 46
gelitten ← leiden
gelogen ← lügen
gelten *st*, h,ge 47
gelungen ← gelingen
gemieden ← meiden
gemocht ← mögen
gemußt ← müssen
genannt ← nennen
genas, genäse ← genesen
genesen *st,ins*, s 48
genießen *st,ins*, h 49
genommen ← nehmen
genoß, genösse ← genießen
genügen *wk,ins, +dat*, h 26
gepfiffen ← pfeifen
gepriesen ← preisen
gequollen ← quellen
gerannt ← rennen
geraten *st,ins, +dat*, s 50
gerieben ← reiben
gerissen ← reißen
geritten ← reiten
gerochen ← riechen
gerungen ← ringen
gesandt ← senden
geschah, geschähe ← geschehen
geschehen *st,ins*, s 51
geschieden ← scheiden
geschieht ← geschehen
geschienen ← scheinen
geschlichen ← schleichen
geschliffen ← schleifen
geschlossen ← schließen
geschlungen ← schlingen
geschmissen ← schmeißen
geschmolzen ← schmelzen
geschnitten ← schneiden
geschoben ← schieben
gescholten ← schelten
geschoren ← scheren
geschossen ← schießen
geschrieben ← schreiben
geschrie(e)n ← schreien
geschritten ← schreiten
geschwiegen ← schweigen
geschwollen ← schwellen
geschwommen ← schwimmen
geschworen ← schwören
geschwunden ← schwinden
geschwungen ← schwingen
gesessen ← sizten
gesoffen ← saufen
gesogen ← saugen
gesonnen ← sinnen
gespie(e)n ← speien
gesponnen ← spinnen
gesprochen ← sprechen
gesprossen ← sprießen
gesprungen ← springen
gestanden ← stehen

gestatten *wk,ins*, h 2
gestiegen ← steigen
gestochen ← stechen
gestohlen ← stehlen
gestorben ← sterben
gestoßen ← stoßen
gestrichen ← streichen
gestritten ← streiten
gestunken ← stinken
gesungen ← singen
gesunken ← sinken
getan ← tun
getragen ← tragen
getrieben ← treiben
getroffen ← treffen
getrunken ← trinken
gewandt ← wenden
gewann, gewänne ← gewinnen
gewesen ← sein
gewichen ← weichen
gewiesen ← weisen
gewinnen *st,ins*, h 52
gewogen ← wiegen
gewöhnen (sich *acc*) *wk,ins*, h 26
gewonnen, gewönne ← gewinnen
geworben ← werben
geworden ← werden
geworfen ← werfen
gewunden ← winden
gewußt ← wissen
gezogen ← ziehen
gezwungen ← zwingen
gib, gibt ← geben
gießen *st*, h,ge 53
gilt ← gelten
ging ← gehen
glänzen *wk*, h,ge 67
glauben *wk*, h,ge 69
gleichen *st*, +*dat*, h,ge 54
gleiten *st*, s,ge 55
glich ← gleichen

glimmen *st*, h,ge 56
glitt ← gleiten
glomm, glömme ← glimmen
glühen *wk*, h,ge 69
goß, gösse ← gießen
graben *st*, h,ge 57
gräbt ← graben
gratulieren *wk*, +*dat*, h 157
greifen *st*, h,ge 58
griff ← greifen
grenzen *wk*, h,ge 67
grub, grübe ← graben
grüßen *wk*, h,ge 59
gucken *wk*, h,ge 69
gut | tun *st*, h,ge 164
haben *st*, h,ge 60
haften *wk*, h,ge 2
häkeln *wk*, h,ge 62
half, hälfe ← helfen
hält ← halten
halten (sich *acc*) *st*, h,ge 61
hämmern *wk*, h,ge 174
handeln *wk*, h,ge 62
hängen *st*, h,ge 63
hängen *wk*, h,ge 69
hassen *wk*, h,ge 59
hauen *st*, h,ge 64
heben *st*, h,ge 65
heilen *wk*, h,ge 69
heim | kehren *wk*, s,ge 4
heiraten *wk*, h,ge 2
heißen *st*, h,ge 66
heizen *wk*, h,ge 67
helfen *st*, +*dat*, h,ge 68
heran | fahren *st*, s,ge 30
heraus | fordern *wk*, h,ge 174
heraus | geben *st*, h,ge 43
heraus | stellen *wk*, h,ge 4
her | geben *st*, h,ge 43
herrschen *wk*, h,ge 69
her | stellen *wk*, h,ge 4

herumgegangen ← herum | gehen
herum | gehen *st*, s,ge 45
hervorgegangen ← hervor | gehen
hervor | gehen *st*, s,ge 45
hervor | rufen *st*, h,ge 106
hervor | treten *st*, s,ge 161
hetzen *wk*, h,ge 67
heucheln *wk*, h,ge 62
heulen *wk*, h,ge 69
hieb ← hauen
hielt ← halten
hieß ← heißen
hilfst, hilft ← helfen
hinaus | fahren *st*, s,ge 30
hinausgegangen ← hinaus | gehen
hinaus | gehen *st*, s,ge 45
hinausgeworfen ← hinaus | werfen
hinaus | werfen *st*, h,ge 182
hindern *wk*, h,ge 174
hin | fallen *st*, s,ge 31
hin | führen *wk*, h,ge 4
hing ← hängen
hin | geben *st*, h,ge 43
(sich *acc*)
hingenommen ← hin | nehmen
hingewiesen ← hin | weisen
hinken *wk*, h/s,ge 69
hin | kommen *st*, s,ge 74
hin | kriegen *wk*, h,ge 4
hin | legen *wk*, h,ge 4
hin | nehmen *st*, h,ge 90
hinter | lassen *st*, h,ge 78
hinweg | setzen *wk*, h/s,ge 67
(sich *acc*)
hin | weisen *st*, h,ge 178
hinzu | fügen *wk*, h,ge 4
hob ← heben
hocken *wk*, h,ge 69
(sich *acc*)
hoffen *wk*, h,ge 69
holen *wk*, h,ge 69
holpern *wk*, s,ge 174

horchen *wk*, h,ge 69
hören *wk*, h,ge 69
hungern *wk*, h,ge 174
(sich *acc*)
hüpfen *wk*, s,ge 69
husten *wk*, h,ge 2
hüten *wk*, h,ge 2
(sich *acc*)
identifizieren *wk*, h 157
(sich *acc*)
ignorieren *wk*, h 157
imitieren *wk*, h 157
impfen *wk*, h,ge 69
informieren *wk*, h 157
(sich *acc*)
inne | haben *st*, h,ge 60
inspirieren *wk*, h 157
inszenieren *wk*, h 157
interessieren *wk*, h 157
(sich *acc*)
interviewen *wk*, h 26
investieren *wk*, h 157
irre | führen *wk*, h,ge 4
irren *wk*, h,ge 40
(sich *acc*)
ißt ← essen
ist ← sein
jagen *wk*, h,ge 69
jammern *wk*, h,ge 174
jubeln *wk*, h,ge 62
jucken *wk*, h,ge 69
kalkulieren *wk*, h 157
kam, käme ← kommen
kämmen *wk*, h,ge 69
(sich *acc*)
kämpfen *wk*, h,ge 69
kann, kannst ← können
kannte ← kennen
kapieren *wk*, h 157
kassieren *wk*, h 157
kauen *wk*, h,ge 69
kaufen *wk*, h,ge 69

kehren *wk*, h,ge 69
(sich *acc*)
keimen *wk*, h,ge 69
kennen *mi*, h,ge 70
kennen|lernen *wk*, h,ge 4
kennzeichnen *wk*, h,ge 97
keuchen *wk*, h,ge 69
kichern *wk*, h,ge 174
kitzeln *wk*, h,ge 62
klagen *wk*, h,ge 69
klar|machen *wk*, h,ge 4
klatschen *wk*, h,ge 69
klauen *wk*, h,ge 69
kleben *wk*, h,ge 69
kleiden *wk*, h,ge 98
klettern *wk*, h,ge 174
klimmen *st*, s,ge 71
klingeln *wk*, h,ge 62
klingen *st*, h,ge 72
klomm, klömme ← klimmen
klopfen *wk*, h,ge 69
knabbern *wk*, h,ge 174
knallen *wk*, h,ge 69
kneifen *st*, h,ge 73
knien *wk*, h,ge 69
kniff ← kneifen
knistern *wk*, h,ge 174
knoten *wk*, h,ge 2
knüpfen *wk*, h,ge 69
kochen *wk*, h,ge 69
kommandieren *wk*, h 157
kommen *st*, s,ge 74
kommentieren *wk*, h 157
konfrontieren *wk*, h 157
können *mo*, h,ge 75
konnte, könnte ← können
kontrollieren *wk*, h 157
konzentrieren *wk*, h 157
(sich *acc*)
korrespondieren *wk*, h 157
korrigieren *wk*, h 157
kosten *wk*, h,ge 2
krähen *wk*, h,ge 69
kranken *wk*, h,ge 69
kränken *wk*, h,ge 69
kratzen *wk*, h,ge 67
kreisen *wk*, h/s,ge 95
kreuzen *wk*, h,ge 67
kriechen *st*, s,ge 76
kriegen *wk*, h,ge 69
kritisieren *wk*, h 157
kroch, kröche ← kriechen
kühlen *wk*, h,ge 69
kultivieren *wk*, h 157
kümmern *wk*, h,ge 69
(sich *acc*)
kürzen *wk*, h,ge 67
küssen *wk*, h,ge 59
lächeln *wk*, h,ge 62
lachen *wk*, h,ge 69
laden *st*, h,ge 77
lädt ← laden
lag, läge ← liegen
lagern *wk*, h,ge 174
(sich *acc*)
lähmen *wk*, h,ge 69
landen *wk*, s,ge 98
langweilen *wk*, h,ge 69
(sich *acc*)
las, läse ← lesen
lassen *st*, h,ge 78
läßt ← lassen
laufen *st*, s,ge 79
lauschen *wk*, h,ge 69
leben *wk*, h,ge 69
lecken *wk*, h,ge 69
leeren *wk*, h,ge 69
legen *wk*, h,ge 69
lehnen *wk*, h,ge 69
(sich *acc*)
lehren *wk*, h,ge 69
leiden *st*, h,ge 80
leihen *st*, h,ge 81
leisten *wk*, h,ge 2

leiten	*wk*, h,ge 2
lenken	*wk*, h,ge 69
lernen	*wk*, h,ge 69
lesen	*st*, h,ge 82
leuchten	*wk*, h,ge 2
leugnen	*wk*, h,ge 97
lieben	*wk*, h,ge 69
lief ← laufen	
liefern	*wk*, h,ge 174
liegen	*st*, h,ge 83
lieh ← leihen	
liest ← lesen	
ließ ← lassen	
lischt ← löschen	
litt ← leiden	
loben	*wk*, h,ge 69
locken	*wk*, h,ge 69
lockern	*wk*, h,ge 174
log, löge ← lügen	
lohnen	*wk*, h,ge 69
löschen	*wk*, h,ge 69
lud, lüde ← laden	
lüften	*wk*, h,ge 2
lügen	*st*, h,ge 84
lutschen	*wk*, h,ge 69
machen	*wk*, h,ge 69
mag ← mögen	
mähen	*wk*, h,ge 69
mahlen	*st*, h,ge 85
malen	*wk*, h,ge 69
marschieren	*wk*, h 157
martern	*wk*, h,ge 174
maß ← messen	
meckern	*wk*, h,ge 174
meiden	*st*, h,ge 86
meinen	*wk*, h,ge 69
meistern	*wk*, h,ge 174
melden	*wk*, h,ge 98
merken (sich *dat*)	*wk*, h,ge 69
messen	*st*, h,ge 87
mied ← meiden	
mieten	*wk*, h,ge 2
mildern	*wk*, h,ge 174
mischen	*wk*, h,ge 69
mißbilligen	*wk*, *ins*, h 26
mißbrauchen	*wk*, *ins*, h 26
missen	*wk*, h,ge 59
mißlingen	*st*, *ins*, s 46
mißt ← messen	
mißtrauen	*wk*, *ins*, +*dat*, h 26
mißverstanden ← mißverstehen	
mißverstehen	*st*, *ins*, h 149
mit | bekommen *ptp* mitbekommen	*st*, h 74
mit | bringen	*st*, h,ge 20
mit | fahren	*st*, s,ge 30
mitgebracht ← mit | bringen	
mitgegangen ← mit | gehen	
mit | gehen	*st*, s,ge 45
mitgenommen ← mit | nehmen	
mit | kommen	*st*, s,ge 74
mit | nehmen	*st*, h,ge 90
mit | teilen	*wk*, h,ge 4
mit | wirken	*wk*, h,ge 4
möblieren	*wk*, h 157
mögen	*mo*, h,ge 88
mokieren sich *acc*	*wk*, h 157
münden	*wk*, s,ge 98
murmeln	*wk*, h,ge 62
müssen	*mo*, h,ge 89
muß(te) ← müssen	
nach | ahmen	*wk*, h,ge 4
nach | denken	*mi*, h,ge 21
nach | fragen	*wk*, h,ge 4
nach | geben	*st*, h,ge 43
nachgegangen ← nach | gehen	
nach | gehen	*st*, s,ge 45
nachgesandt ← nach | senden	
nachgewiesen ← nach | weisen	
nach | holen	*wk*, h,ge 4
nach | lassen	*st*, h,ge 78
nach | machen	*wk*, h,ge 4

nach | prüfen	*wk*, h,ge 4	pflanzen	*wk*, h,ge 67
nach | sehen	*st*, h,ge 134	pflastern	*wk*, h,ge 174
nach | senden	*mi*, h,ge 136	pflegen	*wk*, h,ge 69
nach | weisen	*st*, h,ge 178	pflücken	*wk*, h,ge 69
nach | zahlen	*wk*, h,ge 4	photographieren	*wk*, h 157
nähen	*wk*, h,ge 69	pilgern	*wk*, s,ge 174
nähern	*wk*, +*dat*, h,ge 174	plädieren	*wk*, h 157
(sich *acc*)		plagen	*wk*, h,ge 69
nahm, nähme ← nehmen		(sich *acc*)	
nähren	*wk*, h,ge 69	planen	*wk*, h,ge 69
(sich *acc*)		platzen	*wk*, s,ge 67
nannte ← nennen		plaudern	*wk*, h,ge 174
nehmen	*st*, h,ge 90	plündern	*wk*, h,ge 174
neiden	*wk*, h,ge 98	polstern	*wk*, h,ge 174
neigen	*wk*, h,ge 69	prahlen	*wk*, h,ge 69
nennen	*mi*, h,ge 91	praktizieren	*wk*, h 157
nicken	*wk*, h,ge 69	präsentieren	*wk*, h 157
niesen	*wk*, h,ge 95	predigen	*wk*, h,ge 69
nimmst, nimmt ← nehmen		preisen	*st*, h,ge 93
nominieren	*wk*, h 157	pressen	*wk*, h,ge 59
nörgeln	*wk*, h,ge 62	pries ← preisen	
nötigen	*wk*, h,ge 69	proben	*wk*, h,ge 69
nutzen	*wk*, h,ge 67	produzieren	*wk*, h 157
nützen	*wk*, h,ge 67	profitieren	*wk*, h 157
offenbaren	*wk*, h,ge 69	prophezeien	*wk*, h 157
öffnen	*wk*, h,ge 97	protestieren	*wk*, h 157
ohrfeigen	*wk*, h,ge 69	prüfen	*wk*, h,ge 69
ölen	*wk*, h,ge 69	prügeln	*wk*, h,ge 62
opfern	*wk*, h,ge 174	(sich *acc*)	
(sich *acc*)		pudern	*wk*, h,ge 174
ordnen	*wk*, h,ge 97	pumpen	*wk*, h,ge 69
orientieren	*wk*, h 157	putschen	*wk*, h,ge 69
(sich *acc*)		putzen	*wk*, h,ge 67
paaren	*wk*, h,ge 69	quälen	*wk*, h,ge 69
(sich *acc*)		(sich *acc*)	
packen	*wk*, h,ge 69	qualifizieren	*wk*, h 157
parken	*wk*, h,ge 69	sich *acc*	
passen	*wk*, +*dat*, h,ge 59	quatschen	*wk*, h,ge 69
passieren	*wk*, s 157	quellen	*st*, s,ge 94
pendeln	*wk*, h/s,ge 62	quietschen	*wk*, h,ge 69
pfeffern	*wk*, h,ge 174	quillst, quillt ← quellen	
pfiff ← pfeifen		quoll, quölle ← quellen	

rächen (sich *acc*)	*wk,* h,ge 69
rad|fahren	*st,* s,ge 30
rang, ränge ← ringen	
rann, ränne ← rinnen	
rannte ← rennen	
rasen	*wk,* s,ge 95
rasieren	*wk,* h 157
rät ← raten	
raten	*st,* h,ge 96
rätseln	*wk,* h,ge 62
rauben	*wk,* h,ge 69
rauchen	*wk,* h,ge 69
räuchern	*wk,* h,ge 174
räuspern sich *acc*	*wk,* h,ge 174
reagieren	*wk,* h 157
rechnen	*wk,* h,ge 97
rechtfertigen	*wk,* h,ge 69
reden	*wk,* h,ge 98
referieren	*wk,* h 157
reformieren	*wk,* h 157
regeln	*wk,* h,ge 62
regen (sich *acc*)	*wk,* h,ge 69
regieren	*wk,* h 157
regnen	*wk,* h,ge 97
reiben	*st,* h,ge 99
reichen	*wk,* h,ge 69
reifen	*wk,* s,ge 69
reimen	*wk,* h,ge 69
reinigen	*wk,* h,ge 69
reisen	*wk,* s,ge 95
reißen	*st,* h,ge 100
reiten	*st,* h/s,ge 101
reizen	*wk,* h,ge 67
rennen	*mi,* s,ge 102
reparieren	*wk,* h 157
reservieren	*wk,* h 157
resultieren	*wk,* h 157
retten	*wk,* h,ge 2
richten (sich *acc*)	*wk,* h,ge 2
rieb ← reiben	
riechen	*st,* h,ge 103
rief ← rufen	
riet ← raten	
ringen	*st,* h,ge 104
rinnen	*st,* s,ge 105
riskieren	*wk,* h 157
riß, risse ← reißen	
roch, röche ← riechen	
rodeln	*wk,* h/s,ge 62
rollen	*wk,* h/s,ge 69
röntgen	*wk,* h,ge 98
rosten	*wk,* h/s,ge 2
rücken	*wk,* s,ge 69
rufen	*st,* h,ge 106
ruhen	*wk,* h,ge 69
rühmen (sich *acc: + gen*)	*wk,* h,ge 69
rühren (sich *acc*)	*wk,* h,ge 69
runzeln	*wk,* h,ge 62
rutschen	*wk,* s,ge 69
sagen	*wk,* h,ge 69
sah, sähe ← sehen	
salzen	*st,* h,ge 85
sammeln	*wk,* h,ge 62
sandte ← senden	
sang, sänge ← singen	
sank, sänke ← sinken	
sann, sänne ← sinnen	
saß, säße ← sitzen	
satteln	*wk,* h,ge 62
sättigen	*wk,* h,ge 69
säubern	*wk,* h,ge 174
saufen	*st,* h,ge 107
saugen	*st,* h,ge 108
säumen	*wk,* h,ge 69
schaden	*wk,* +*dat,* h,ge 98
schaffen	*st,* h,ge 109
schaffen	*wk,* h,ge 69

schälen *wk*, h,ge 69
schallen *st*, h,ge 110
schalt ← schelten
schalten *wk*, h,ge 2
schämen *wk*, *+gen*, h,ge 40
sich *acc: +gen*
schärfen *wk*, h,ge 69
schätzen *wk*, h,ge 67
schauen *wk*, h,ge 69
schaukeln *wk*, h,ge 62
schäumen *wk*, h,ge 69
scheiden *st*, h/s,ge 111
scheinen *st*, h,ge 112
scheitern *wk*, s,ge 174
schelten *st*, h,ge 113
schenken *wk*, h,ge 69
scheren *st*, h,ge 114
scheuen *wk*, h,ge 69
(sich *acc*)
schicken *wk*, h,ge 69
schieben *st*, h,ge 115
schied ← scheiden
schien ← scheinen
schießen *st*, h,ge 116
schildern *wk*, h,ge 174
schiltst, schilt ← schelten
schimmeln *wk*, h,ge 62
schimpfen *wk*, h,ge 69
schlachten *wk*, h,ge 2
schlafen *st*, h,ge 117
schläft ← schlafen
schlagen *st*, h,ge 118
schlägt ← schlagen
schlang, schlänge ← schlingen
schlängeln *wk*, h,ge 62
sich *acc*
schleichen *st*, s,ge 119
schleifen *st*, h,ge 120
schlendern *wk*, s,ge 174
schleudern *wk*, h/s,ge 174
schlich ← schleichen
schlief, schliefe ← schlafen

schließen *st*, h,ge 121
schliff ← schleifen
schlingen *st*, h,ge 122
schloß, schlösse ← schließen
schluchzen *wk*, h,ge 67
schlug, schlüge ← schlagen
schlüpfen *wk*, s,ge 69
schmachten *wk*, h,ge 2
schmecken *wk*, *+dat*, h,ge 69
schmeicheln *wk*, *+dat*, h,ge 62
schmeißen *st*, h,ge 123
schmelzen *st*, h,ge 124
schmerzen *wk*, h,ge 67
schmieden *wk*, h,ge 98
schmilzt ← schmelzen
schminken *wk*, h,ge 69
(sich *acc*)
schmiß, schmisse ← schmeißen
schmolz, schmölze ← schmelzen
schmuggeln *wk*, h,ge 62
schmutzen *wk*, h,ge 67
schnarchen *wk*, h,ge 69
schneiden *st*, h,ge 125
schneidern *wk*, h,ge 174
schneien *wk*, h/s,ge 69
schneuzen *wk*, h,ge 67
sich *acc*
schnitt(e) ← schneiden
schnuppern *wk*, h,ge 174
schob, schöbe ← schieben
scholl, schölle ← schallen
schölte ← schelten
schonen *wk*, h,ge 69
(sich *acc*)
schöpfen *wk*, h,ge 69
schor, schöre ← scheren
schoß, schösse ← schießen
schrauben *wk*, h,ge 69
schreiben *st*, h,ge 126
schreien *st*, h,ge 127
schreiten *st*, s,ge 128
schrie(e) ← schreien

schrieb(e) ← schreiben
schritt ← schreiten
schubsen *wk*, h,ge 95
schuf, schüfe ← schaffen
schulden *wk*, h,ge 98
schulen *wk*, h,ge 69
schütteln *wk*, h,ge 62
schütten *wk*, h,ge 2
schützen *wk*, h,ge 67
schwächen *wk*, h,ge 69
schwamm ← schwimmen
schwand, schwände ← schwinden
schwang, schwänge ← schwingen
schwanken *wk*, h,ge 69
schwänzen *wk*, h,ge 67
schwärmen *wk*, h,ge 69
schwatzen *wk*, h,ge 67
schweben *wk*, h/s,ge 69
schweigen *st*, h,ge 129
schwellen *st*, s,ge 130
schwieg(e) ← schweigen
schwillst, schwillt ← schwellen
schwimmen *st*, s,ge 131
schwindeln *wk*, h,ge 62
schwinden *st*, s,ge 170
schwingen *st*, h,ge 132
schwitzen *wk*, h,ge 67
schwoll, schwölle ← schwellen
schwor ← schwören
schwören *st*, h,ge 133
schwüre ← schwören
segeln *wk*, h/s,ge 62
segnen *wk*, h,ge 97
sehen *st*, h,ge 134
sehnen *wk*, h,ge 69
sich *acc*
seid ← sein
sein *st*, s,ge 135
senden *mi*, h,ge 136
senken *wk*, h,ge 69
servieren *wk*, h 157
setzen *wk*, h,ge 67
sich *acc*
seufzen *wk*, h,ge 67
sichern *wk*, h,ge 174
sich *acc*
siegen *wk*, h,ge 69
siehst, sieht ← sehen
sind ← sein
singen *st*, h,ge 137
sinken *st*, h,ge 138
sinnen *st*, h,ge 139
sitzen *st*, h,ge 140
sitzen | bleiben *st*, s,ge 16
ski | fahren *st*, s,ge 30
soff, söffe ← saufen
sog, söge ← saugen
sollen *mo*, h,ge 141
sonnen *wk*, h,ge 40
sich *acc*
sorgen *wk*, h,ge 69
(sich *acc*)
spann ← spinnen
spannen *wk*, h,ge 69
sparen *wk*, h,ge 69
spazieren | gehen *st*, s,ge 45
speisen *wk*, h,ge 67
spenden *wk*, h,ge 98
sperren *wk*, h,ge 69
spie(e) ← speien
spielen *wk*, h,ge 69
spinnen *st*, h,ge 143
spönne ← spinnen
spotten *wk*, h,ge 2
sprach, spräche ← sprechen
sprechen *st*, h,ge 144
sprang, spränge ← springen
sprengen *wk*, h,ge 69
sprichst, spricht ← sprechen
sprießen *st*, s,ge 145
springen *st*, s,ge 146
spritzen *wk*, h,ge 67
sproß, sprösse ← sprießen

sprudeln	*wk*, h/s,ge 62
spucken	*wk*, h,ge 69
spülen	*wk*, h,ge 69
spüren	*wk*, h,ge 69
stach, stäche ← stechen	
stahl, stähle ← stehlen	
stammen	*wk*, h,ge 69
starren	*wk*, h,ge 69
starten	*wk*, h/s,ge 2
statt | finden	*st*, h,ge 34
stattgefunden ← statt | finden	
staunen	*wk*, h,ge 69
stechen	*st*, h,ge 147
stecken	*wk*, h,ge 69
stecken	*st*, h,ge 148
stehen	*st*, h,ge 149
stehen | bleiben	*st*, s,ge 16
stehengeblieben ← stehen | bleiben	
stehlen	*st*, h,ge 150
steigen	*st*, s,ge 151
steigern	*wk*, h,ge 174
stellen	*wk*, h,ge 69
stempeln	*wk*, h,ge 62
sterben	*st*, s,ge 152
steuern	*wk*, h,ge 174
stichst, sticht ← stechen	
sticken	*wk*, h,ge 69
stieg(e) ← steigen	
stiehlst, stiehlt ← stehlen	
stieß ← stoßen	
stimmen	*wk*, h,ge 69
stinken	*st*, h,ge 153
stirbst, stirbt ← sterben	
stöhnen	*wk*, h,ge 69
stolpern	*wk*, s,ge 174
stopfen	*wk*, h,ge 69
stören	*wk*, h,ge 69
stoßen	*st*, h/s,ge 154
stößt ← stoßen	
strafen	*wk*, h,ge 69
strahlen	*wk*, h,ge 69
streben	*wk*, h,ge 69
streichen	*st*, h/s,ge 155
streifen	*wk*, h/s,ge 69
streiken	*wk*, h,ge 69
streiten	*st*, h,ge 156
streuen	*wk*, h,ge 69
strich ← streichen	
stricken	*wk*, h,ge 69
stritt ← streiten	
strömen	*wk*, s,ge 69
studieren	*wk*, h 157
stünde ← stehen	
stürmen	*wk*, h/s,ge 69
stürzen (sich *acc*)	*wk*, h/s,ge 67
subtrahieren	*wk*, h 157
suchen	*wk*, h,ge 69
sündigen	*wk*, h,ge 69
süßen	*wk*, h,ge 59
tadeln	*wk*, h,ge 62
tagen	*wk*, h,ge 69
tanken	*wk*, h,ge 69
tanzen	*wk*, h/s,ge 67
tapezieren	*wk*, h 157
tarnen	*wk*, h,ge 69
tat ← tun	
tauchen	*wk*, h/s,ge 69
tauen	*wk*, h/s,ge 69
taufen	*wk*, h,ge 69
taugen	*wk*, h,ge 69
taumeln	*wk*, s,ge 62
tauschen	*wk*, h,ge 69
täuschen (sich *acc*)	*wk*, h,ge 69
teilen	*wk*, h,ge 69
teil | nehmen	*st*, h,ge 90
telefonieren	*wk*, h 157
testen	*wk*, h,ge 2
tippen	*wk*, h,ge 69
toasten	*wk*, h,ge 2
toben	*wk*, h/s,ge 69
töten	*wk*, h,ge 2
tot | schlagen	*st*, h,ge 118

trachten *wk*, h,ge 2
traf ← treffen
tragen *st*, h,ge 158
trägt ← tragen
trank, tränke ← trinken
trat, träte ← treten
trauen *wk*, +*dat*, h,ge 69
trauern *wk*, h,ge 174
träumen *wk*, h,ge 69
treffen *st*, h,ge 159
(sich *acc*)
treiben *st*, h,ge 160
trennen *wk*, h,ge 69
(sich *acc*)
treten *st*, h/s,ge 161
trieb, triebe ← treiben
triffst, trifft ← treffen
trinken *st*, h,ge 162
trittst, tritt ← treten
trocknen *wk*, h/s,ge 97
trog, tröge ← trügen
trommeln *wk*, h,ge 62
trösten *wk*, h,ge 2
(sich *acc*)
trotzen *wk*, +*dat*, h,ge 67
trug, trüge ← tragen
trügen *st*, h,ge 163
tun *st*, h,ge 164
turnen *wk*, h,ge 69
übelgenommen ← übel | nehmen
übel | nehmen *st*, h,ge 90
üben *wk*, h,ge 69
(sich *acc*)
überanstrengen *wk,ins*, h 26
(sich *acc*)
überarbeiten *wk,ins*, h 2
überblicken *wk,ins*, h 26
überbrücken *wk,ins*, h 26
überdenken *st,ins*, h 21
übereilen *wk,ins*, h 26
(sich *acc*)
übereinstimmen *wk,ins*, h 26
überfahren *st,ins*, h 30
überfallen *st,ins*, h 31
überfordern *wk,ins*, h 174
über | führen *wk*, h,ge 4
überführen *wk,ins*, h 26
übergeben *st,ins*, h 43
über | gehen *st*, s,ge 45
übergehen *st,ins*, h 45
überholen *wk,ins*, h 26
überhören *wk,ins*, h 26
überlassen *st,ins*, h 78
überleben *wk,ins*, h 26
über | legen *wk*, h,ge 4
überlegen *wk,ins*, h 26
(sich *acc*)
übermitteln *wk,ins*, h 62
übernachten *wk,ins*, h 2
übernehmen *st,ins*, h 90
(sich *acc*)
übernommen ← übernehmen
überprüfen *wk,ins*, h 26
überraschen *wk,ins*, h 26
überreden *wk,ins*, h 98
überschätzen *wk,ins*, h 67
überschreiten *st,ins*, h 128
überschritten ← überschreiten
überschwemmen *wk,ins*, h 26
übersehen *st,ins*, h 134
über | setzen *wk*, h,ge 67
übersetzen *wk,ins*, h 67
über | siedeln *wk*, s,ge 62
überstanden ← überstehen
überstehen *st,ins*, h 149
überstürzen *wk,ins*, h 67
übertragen *st,ins*, h 158
übertreiben *st,ins*, h 160
übertrieben ← übertreiben
überwachen *wk,ins*, h 26
überwältigen *wk,ins*, h 26
überweisen *st,ins*, h 178
über | werfen *st*, h,ge 182

überwerfen (sich *acc*)	*st,ins*, h 182
überwiegen	*st,ins*, h 183
überwiesen ← überweisen	
überwinden	*st,ins*, h 184
überworfen ← überwerfen	
überzeugen	*wk,ins*, h 26
um | arbeiten	*wk*, h,ge 2
umbenannt ← umbenennen	
um | blättern	*wk*, h,ge 4
um | bringen (sich *acc*)	*st*, h,ge 20
um | fallen	*st*, s,ge 31
umfassen	*wk,ins*, h 4
um | gehen	*st*, s,ge 45
umgehen	*st,ins*, h 45
um | gestalten *ptp* umgestaltet	*wk*, h 26
um | graben	*st*, h,ge 57
unterhalten (sich *acc*)	*st,ins*, h 61
unter | kommen	*st*, s,ge 74
unterlassen	*st,ins*, h 78
unterliegen	*st,ins*, h/s 83
unternehmen	*st,ins*, h 90
unter | ordnen (sich *acc*)	*wk*, h,ge 97
unterrichten (sich *acc*)	*wk,ins*, h 2
untersagen	*wk,ins*, h 26
unterschätzen	*wk,ins*, h 67
unterscheiden (sich *acc*)	*st,ins*, h 125
unterschieben	*st,ins*, h 115
unter | schieben	*st*, h,ge 115
unterschreiben	*st,ins*, h 126
unterstehen	*st,ins*, h 149
unter | stellen	*wk*, h,ge 4
unterstellen	*wk,ins*, h 26
unterstreichen	*st,ins*, h 155
unterstützen	*wk,ins*, h 67
untersuchen	*wk,ins*, h 26
unterweisen	*st,ins*, h 178
unterwerfen	*st,ins*, h 182
unterzeichnen	*wk,ins*, h 97
unterziehen	*st,ins*, h 188
urteilen	*wk*, h,ge 69
verabreden (sich *acc*)	*wk,ins*, h 98
verabscheuen	*wk,ins*, h 26
verabschieden (sich *acc*)	*wk,ins*, h 98
verachten	*wk,ins*, h 2
verallgemeinern	*wk,ins*, h 174
veralten	*wk,ins*, s 2
verändern	*wk,ins*, h 174
veranlassen	*wk,ins*, h 26
veranstalten	*wk,ins*, h 2
verantworten	*wk,ins*, h 2
verärgern	*wk,ins*, h 174
verarzten	*wk,ins*, h 2
veräußern	*wk,ins*, h 174
verbarg ← verbergen	
verbauen	*wk,ins*, h 26
verbergen	*st,ins*, h 9
verbessern	*wk,ins*, h 174
verbeugen sich *acc*	*wk,ins*, h 26
verbieten	*st,ins*, h 12
verbinden	*st,ins*, h 13
verbirgst, verbirgt ← verbergen	
verblüffen	*wk,ins*, h 26
verblühen	*wk,ins*, s 26
verbluten	*wk,ins*, s 2
verborgen ← verbergen	
verbot, verboten ← verbieten	
verbrauchen	*wk,ins*, h 26
verbrechen	*st,ins*, h 41
verbrennen (sich *acc*)	*mi,ins*, h/s 19
verbringen	*st,ins*, h 20
verdacht(e) ← verdenken	
verdächtigen	*wk,ins*, h 26
verdanken	*wk,ins*, h 26

verdarb ← verderben
verdauen *wk,ins*, h 26
verdenken *mi,ins*, h 21
verderben *st,ins*, h/s 166
verdeutschen *wk,ins*, h 26
verdienen *wk,ins*, h 26
verdirbst, verdirbt ← verderben
verdoppeln *wk,ins*, h 62
verdorben ← verderben
verdrießen *st,ins*, h 167
verdroß, verdrösse ← verdrießen
verdrossen ← verdrießen
verdunkeln (sich *acc*) *wk,ins*, h 62
verdürbe ← verderben
verehren *wk,ins*, h 26
vereinbaren *wk,ins*, h 26
vereinen *wk,ins*, h 26
vereinfachen *wk,ins*, h 26
vereinigen (sich *acc*) *wk,ins*, h 26
verenden *wk,ins*, s 98
vererben *wk,ins*, h 26
verfahren *st,ins*, s 30
verfallen *st,ins*, s 31
verfälschen *wk,ins*, h 26
verfassen *wk,ins*, h 26
verfolgen *wk,ins*, h 26
verfügen *wk,ins*, h 26
verführen *wk,ins*, h 26
vergab, vergäbe ← vergeben
vergaß, vergäße ← vergessen
vergeben *st,ins*, h 43
vergegenwärtigen sich *dat* *wk,ins*, h 26
vergehen (sich *acc*) *st,ins*, h/s 45
vergessen *st,ins*, h 168
vergißt ← vergessen
vergleichen *st,ins*, h 54
verglich(en) ← vergleichen
vergrößern *wk,ins*, h 174

verhaften *wk,ins*, h 2
verhalten sich *acc* *st,ins*, h 61
verhandeln *wk,ins*, h 62
verheiraten (sich *acc*) *wk,ins*, h 2
verhielt(e) ← verhalten
verhindern *wk,ins*, h 174
verhören (sich *acc*) *wk,ins*, h 26
verhungern *wk,ins*, s 174
verhüten *wk,ins*, h 2
verirren sich *acc* *wk,ins*, h 26
verkaufen *wk,ins*, h 26
verkleiden (sich *acc*) *wk,ins*, h 98
verkleinern (sich *acc*) *wk,ins*, h 174
verkörpern *wk,ins*, h 174
verkünden *wk,ins*, h 98
verkürzen *wk,ins*, h 67
verladen *st,ins*, h 77
verlagern *wk,ins*, h 174
verlangen *wk,ins*, h 26
verlassen *st,ins*, h 78
verlaufen (sich *acc*) *st,ins*, s/h 79
verlegen (sich *acc*) *wk,ins*, h 26
verleihen *st,ins*, h 81
verlernen *wk,ins*, h 26
verletzen (sich *acc*) *wk,ins*, h 67
verlieben sich *acc* *wk,ins*, h 26
verlieren *st,ins*, h 169
verloben sich *acc* *wk,ins*, h 26
verlor, verlöre ← verlieren
verloren ← verlieren

verlorengegangen ← verloren | - gehen
verloren | gehen *st*, s,ge 45
verlöschen *wk,ins*, s 26
vermeiden *st,ins*, h 86
vermieten *wk,ins*, h 2
vernachlässigen *wk,ins*, h 26
vernichten *wk,ins*, h 2
veröffentlichen *wk,ins*, h 26
verpflichten *wk,ins*, h 2
verraten *st,ins*, h 96
verreisen *wk,ins*, s 95
verrotten *wk,ins*, h 2
versagen *wk,ins*, h 26
versammeln (sich *acc*) *wk,ins*, h 62
versäumen *wk,ins*, h 26
verschaffen (sich *dat*) *wk,ins*, h 26
verschärfen (sich *acc*) *wk,ins*, h 26
verschieben *st,ins*, h 115
verschlafen *st,ins*, h 117
verschlechtern (sich *acc*) *wk,ins*, h 174
verschließen (sich *acc*) *st,ins*, h 121
verschlossen ← verschließen
verschoben ← verschieben
verschonen *wk,ins*, h 26
verschreiben *st,ins*, h 126
verschweigen *st,ins*, h 129
verschwiegen ← verschweigen
verschwinden *st,ins*, s 170
verschwunden ← verschwinden
versichern (sich *acc*, +*gen*) *wk,ins*, h 174
versöhnen (sich *acc*) *wk,ins*, h 26
versprechen *st,ins*, h 144
versprochen ← versprechen
verstanden ← verstehen
verstehen *st,ins*, h 149
versuchen *wk,ins*, h 26
vertan ← vertun
verteidigen (sich *acc*) *wk,ins*, h 26
verteilen (sich *acc*) *wk,ins*, h 26
vertiefen (sich *acc*) *wk,ins*, h 26
vertragen *st,ins*, h 158
vertrauen (sich *dat*) *wk,ins*, +*dat*, h 26
vertreiben *st,ins*, h 160
vertreten *st,ins*, h 161
vertrieben ← vertreiben
vertun (sich *acc*) *st,ins*, h 164
verunglücken *wk,ins*, s 26
verursachen *wk,ins*, h 26
verurteilen *wk,ins*, h 26
vervielfältigen *wk,ins*, h 26
verwandeln (sich *acc*) *wk,ins*, h 62
verwandte, verwandt ← verwenden
verwechseln *wk,ins*, h 62
verweigern *wk,ins*, h 174
verweisen *st,ins*, h 178
verwenden *mi,ins*, h 179
verwirren (sich *acc*) *wk,ins*, h 26
verwöhnen (sich *acc*) *wk,ins*, h 26
verwundern (sich *acc*) *wk,ins*, h 174
verzehren (sich *acc*) *wk,ins*, h 26
verzeichnen *wk,ins*, h 97
verzeihen *st,ins*, h 171
verzerren *wk,ins*, h 26
verzichten *wk,ins*, h 2
verzieh, verziehen ← verzeihen

weg|werfen	*st*, h,ge 182
wehen	*wk*, h,ge 69
wehren (sich *acc*)	*wk*, h,ge 69
weh|tun	*st*, h,ge 164
weichen	*st*, +*dat*, s,ge 177
weiden (sich *acc*)	*wk*, h,ge 98
weigern sich *acc*	*wk*, h,ge 174
weinen	*wk*, h,ge 69
weisen	*st*, h,ge 178
weißen	*wk*, h,ge 59
weiß, weißt ← wissen	
weiter|fahren	*st*, h/s,ge 30
weiter|gehen	*st*, s,ge 45
welken	*wk*, s,ge 69
wenden (sich *acc*)	*mi*, h,ge 98
werben	*st*, h,ge 180
werden	*st*, s,ge 181
werfen	*st*, h,ge 182
werten	*wk*, h,ge 2
wetteifern	*wk*, h,ge 174
wetten	*wk*, h,ge 2
wich ← weichen	
wickeln (sich *acc*)	*wk*, h,ge 62
widerfahren	*st*,*ins*, s 30
wider|hallen	*wk*, h,ge 4
widerlegen	*wk*,*ins*, h 26
widerrufen	*st*,*ins*, h 106
widersetzen sich *acc*, +*dat*	*wk*,*ins*, h 67
wider|spiegeln (sich *acc*)	*wk*, h,ge 62
widersprechen (sich *dat*)	*st*,*ins*, +*dat*, h 144
widerstehen	*st*,*ins*, +*dat*, h 149
widerstreben	*wk*,*ins*, h 26
widmen (sich *acc*)	*wk*, h,ge 3
wieder|geben	*st*, h,ge 43
wiedergut|machen	*wk*, h,ge 4
wiederholen	*wk*, h 26
wieder|holen	*wk*, h,ge 4
wieder|kehren	*wk*, s,ge 4
wieder|kommen	*st*, s,ge 74
wieder|sehen (sich *acc*)	*st*, h,ge 134
wiegen	*st*, h,ge 183
wiegen	*wk*, h,ge 69
wiehern	*wk*, h,ge 174
wies ← weisen	
will ← wollen	
winden (sich *acc*)	*st*, h,ge 184
winken	*wk*, h,ge 69
wirbst, wirbt ← werben	
wird ← werden	
wirfst, wirft ← werfen	
wirken	*wk*, h,ge 69
wirst ← werden	
wirtschaften	*wk*, h,ge 2
wischen	*wk*, h,ge 69
wissen	*st*, h,ge 185
wob, wöbe ← weben	
wog, wöge ← wiegen	
wohnen	*wk*, h,ge 69
wollen	*mo*, h,ge 186
wringen	*st*, h,ge 187
wuchern	*wk*, h/s,ge 174
wuchs, wüchse ← wachsen	
wühlen (sich *acc*)	*wk*, h,ge 69
wundern sich *acc*	*wk*, h,ge 174
wünschen (sich *dat*)	*wk*, h,ge 69
würbe ← werben	
wurde, würde ← werden	
würdigen	*wk*, h,ge 69
würfe ← werfen	
würfeln	*wk*, h,ge 62